EL LEGADO DE THIAGO

Una travesía de 365 días de gratitud

LUIS PEDRO RECINOS V.

© 2018 Luis Pedro Recinos V.

Todos los derechos reservados. No se permite la reproducción total o parcial de este libro y de su contenido, ni su incorporación a un sistema informático ni su transmisión en cualquier forma o por cualquier medio sin autorización previa y por escrito del titular del *copyright*.

El legado de Thiago. Una travesía de 365 días de gratitud.
Primera edición, julio de 2018.
lprecinosv@gmail.com

Fotografía de cubierta: iStock.com/francescoch

ISBN-13: 978-1981470693
ISBN-10: 1981470697

Los beneficios generados con la venta de este libro serán donados al orfanato Valle de los Ángeles en Guatemala

www.valleyoftheangels.com

Para **Thiago**, quien me dio el regalo de la reflexión y me impulsó a reconectarme con mis valores.

Para nuestros hijos **Luis Andrés, Ana Belén y Fabián**: que estas páginas sean una inspiración y una forma de devolverles la motivación que me dan todos los días.

Y, en especial, para **Stefanie**, por su fortaleza y por ser una esposa, madre y mujer ejemplar. Le dedico esta memoria con la cual, sin proponérmelo, creo cumplir una promesa que hice el 13 de enero de 2016.

CONTENIDO

Agradecimientos   i

Prólogo   iii

Introducción   1

1. El agradecimiento 13   7
2. Ángeles, globos y mariposas   29
3. El agradecimiento 326   45
4. El Día de Acción de Gracias   67
5. ¿Soy un buen papá?   95
6. El jugo de la vida   109

Carta a Thiago   129

Epílogo   135

Anexo: 365 días de gratitud   139

Referencias y bibliografía   171

Notas   173

Acerca del Autor   175

AGRADECIMIENTOS

A todos nuestros familiares y amigos que nos acompañaron directa o indirectamente en momentos desafiantes. Gracias por sus oraciones. Fueron plenamente escuchadas y multiplicadas.

A todos los médicos, enfermeras y personal de los hospitales que nos dieron un trato especial. Gracias por hacernos sentir en casa.

A mis padres, por su constante guía y sabiduría. Gracias por traerme hasta aquí. Gracias por todo el amor y oportunidades.

PRÓLOGO

En la víspera del comienzo de 2016 decidí emprender un proyecto personal: dar gracias todos los días por algo y escribirlo. Me propuse el reto sin saber que se avecinaban momentos duros, de angustia y de confusión a lo largo de ese año. Momentos que me impondrían retadoras pruebas.

Las situaciones desafortunadas se dieron a pocos días de haber iniciado mi proyecto y estuve a punto de abandonarlo. Pensé que sería más apropiado para un siguiente año, con un "borrón y cuenta nueva". Sin embargo, terminé 2016 con 365 agradecimientos.

Aquel reto me supuso momentos de reflexión profunda sobre mi forma de ver los obstáculos y, ante todo, sobre el gran valor que tiene la gratitud en la búsqueda de la felicidad.

Este libro resume el viaje al que me llevó mi proyecto y hace énfasis en las circunstancias difíciles que me tendieron grandes oportunidades de cavilación para apreciar el regalo de la vida. Es un relato personal y familiar, una especie de diario para no olvidar las experiencias que abrieron mis ojos y me cambiaron para siempre en un año tan intenso como aleccionador.

La historia va dirigida a los padres y madres que han experimentado la dura pérdida de un bebé o el sensible nacimiento y lucha de un prematuro. También busca inspirar a lectores que desean explorar el poder transformador de un sencillo diario de gratitud.

INTRODUCCIÓN

Despedimos la última noche de 2015 en Monterrico, una playa de arena negra situada al sur de Guatemala. Sentados cómodamente en sillas plásticas enterradas en la arena, mi esposa Stefanie, nuestros hijos Luis Andrés y Ana Belén, mis suegros y yo, disfrutábamos de las interminables y espectaculares luces de la medianoche cuando reconecté con el pasaje de un libro que había leído ese año. Era *Chasing Daylight* (Persiguiendo la luz del día), la obra en la que Eugene O'Kelly comenta que lo más increíble de los fuegos artificiales son los sonidos de las bombas, un descubrimiento que hizo hasta que comenzó a perder la vista a causa de un tumor cerebral que pronto apagó su existencia. O'Kelly llama "momento perfecto" a la conexión del ser humano con sus emociones más profundas cuando experimenta algo placentero. Aquella noche en Monterrico me di cuenta de que esa escena en la playa con mi familia, ante el *show* de luces, era un momento perfecto. Y sentí una enorme gratitud por estar allí y poder reconocerlo.

Fue justo en los primeros minutos de 2016, e inspirado por el instante, que me propuse identificar y escribir durante un año una breve razón por la cual agradecer cada día, al final de mi jornada. Cualquier razón, pequeña o grande, sin reglas. Simplemente dar gracias por algo.

Sé que no soy el primero que se planteó un reto similar. He visto testimonios parecidos en YouTube, pero cada uno tiene su forma particular de hacerlo y la que decidí yo al despedir 2015 fue esta: escribir a diario algo muy breve en la aplicación de notas de mi teléfono.

Comencé mi reto sin estar plenamente convencido de que podría cumplirlo todos los días, hasta que me topé con la experiencia que cambió totalmente mi perspectiva y mi mundo: mi agradecimiento número 13, el del 13 de enero. Ese día nació nuestro hijo Thiago, con apenas 24 semanas de gestación, y al día siguiente decidió cumplir su misión convertido en un ángel. El dilema de escribir el agradecimiento 13 y, en especial el número 14, me forzó a encontrar en mí un sentimiento de gratitud, a pesar de nuestra pérdida y de estar cerrando el día más intenso y posiblemente el más triste de mi vida y de nuestro matrimonio.

Encontrar la gratitud esos primeros días de enero me comprometió fuertemente a seguir mi proyecto durante todo el año. Lo haría por Thiago. Lo haría por mi sentido de logro. Lo haría por amor a la vida. Lo haría para experimentar la gratitud como un ingrediente vital para el crecimiento propio y una existencia feliz. Lo haría para superar un momento difícil a fuerza de disciplina y reflexión y, ante todo, lo haría para extraer fortaleza y significado. Algo positivo para ser una mejor persona, un mejor esposo, padre, hijo, hermano y amigo.

No fallé un solo día en mi proyecto de gratitud, por buena o mala que hubiera sido mi jornada.

El año más intenso de mi existencia se convirtió en el más gratificante, a pesar de los momentos duros. A pesar de haber llorado como nunca. Al final de cuentas, ser feliz no implica no tener malos momentos. Como menciona Tal Ben-Shahar, el famoso profesor de psicología positiva en Harvard y autor de *Happier* (Más feliz): "Las cosas no necesariamente pasan para lo mejor, pero tú puedes escoger hacer lo mejor con todas las cosas que pasan". Yo creo firmemente que los días duros y malos son parte de nuestra felicidad. Simplemente se trata de abordarlos con una perspectiva para aprender, crecer y madurar.

Esta memoria personal cuenta mi vivencia durante esos 365 días consecutivos que escribí breves y sencillos agradecimientos. Narra mi reconexión con una serie de valores que nunca viví o que tenía guardados y empolvados en el cajón del olvido. Describe mi descubrimiento de que no existen las casualidades, de que nuestro camino está lleno de mensajes grises que podemos ignorar o darles un sentido positivo. Y que tal como dijo Steve Jobs a los graduandos de Stanford en 2005, durante su célebre discurso sobre la unión de los puntos: debemos buscar una conexión entre todos los eventos de nuestras vidas y hallar un propósito en ellos.

En síntesis, este libro cuenta cómo, sin importar la situación, la vida está llena de buenos y malos momentos. Encontrar gratitud en ellos y abordarlos con una perspectiva positiva tiene un impacto favorable en nuestro crecimiento personal. Y este tipo de crecimiento es igual a felicidad.

Este relato cuenta **El legado de Thiago** y la forma en que descubrimos que la misión de nuestro pequeño ángel era prepararnos para el nacimiento también extremadamente prematuro de nuestro cuarto hijo, Fabián, ese mismo año y con solo 27 semanas de gestación. Es un relato que se desenlaza con la lucha victoriosa de Fabián durante tres meses en cuidados intensivos y que demandó nuestra mayor fe, paciencia, fortaleza y amor. Mi proyecto de 365 días de gratitud me preparó para ello y Thiago fue el ángel-*coach* de su hermano.

La historia se divide en seis partes que conforman el inicio, las paradas y el destino de **Una travesía de 365 días de gratitud**. Al final se incluye una carta que comencé a escribir a mi hijo a los pocos días de su partida y en el anexo se encuentran todos los agradecimientos que constituyeron mi proyecto y que hoy conforman el hilo conductor de este libro.

Capítulo 1: El agradecimiento 13

El 13 de enero de 2016 fue el día en que anticipadamente nació Thiago y partió diecinueve horas después. Este capítulo relata nuestra vivencia y reflexión en esos momentos extremadamente intensos, llenos de incertidumbre, tristeza y amor.

Capítulo 2: Ángeles, globos y mariposas

Desde el día que nació Thiago encontramos una serie de mensajes muy potentes en eventos ordinarios y en otros poco usuales. Esta sección cuenta algunos sucesos ocurridos a lo largo de varios meses y que decidimos deliberadamente darles un sentido.

Capítulo 3: El agradecimiento 326

El 21 de noviembre del mismo año (2016) nació nuestro hijo Fabián, tras 27 semanas de embarazo. Este día marcaría el inicio del resto de nuestras vidas. Nada fue igual a partir de ahí. Intensamente. Positivamente.

Capítulo 4: El Día de Acción de Gracias

Este capítulo inicia con el Día de Acción de Gracias, una fecha emblemática para mi proyecto de gratitud. Resume los momentos inciertos de la lucha de Fabián en las semanas que siguieron a su nacimiento. Recuerda los momentos de amor, reflexión y compañía de la familia y concluye con la feliz llegada de nuestro pequeño guerrero a casa.

Capítulo 5: ¿Soy un buen papá?

Mientras Stefanie acompañaba a Fabián en los cuidados intensivos del hospital, yo pasé mucho tiempo a solas con nuestros hijos Luis Andrés y Ana Belén. Aprendí mucho de ellos y de lo que realmente significa ser un buen padre, lo cual me llevó a hacerme la pregunta: ¿realmente lo soy?

Capítulo 6: El jugo de la vida

Las vivencias entre el nacimiento de Thiago y Fabián, apalancadas en mi proyecto de 365 días de gratitud, me permitieron redescubrir una serie de valores fundamentales que tenía en el olvido y mi encuentro con otros que no había puesto en práctica. Este capítulo resume el principal aprendizaje de mi proyecto de gratitud: los valores son el jugo de la vida.

CAPÍTULO 1

El agradecimiento 13

> Cuando dos enfermeras la llevaban en una camilla hacia la sala de partos, ella me tendió su mano y me dijo con una voz dulce, pero tremendamente temerosa, que esta sería la primera verdadera prueba en nuestro matrimonio. Nunca olvidaré aquellas breves, pero impactantes palabras que me despertaron a la realidad. La forma en que abordáramos la incertidumbre, los retos y los posibles momentos tristes que se avecinaban, haría una gran diferencia en nuestra relación de pareja.

La vida es 10% lo que te pasa y 90% la forma en que reaccionas ante ello.

—CHARLES R. SWINDOLL

La manera en que Stefanie me informó de sus dos primeros embarazos es inolvidable y la llegada de nuestro tercer hijo no fue la excepción. En septiembre de 2015 nos encontrábamos de vacaciones en Disney y veíamos los juegos pirotécnicos al pie del castillo de Cenicienta, cuando Luis Andrés, nuestro primogénito, pidió un deseo: quería un hermanito. A Stefanie le temblaron las piernas de la emoción y decidió adelantarme la gran noticia que planeaba darme cuando volviéramos a casa: tenía cinco semanas de embarazo.

Pocos días después, comunicamos a nuestra familia y amigos la buena nueva con una peculiar foto: Luis Andrés y

Ana Belén vestían camisetas en las que se leía *"Thing* 1*"* y *"Thing* 2*"*, respectivamente, y posaban sosteniendo una diminuta *T-shirt* roja que decía: *"Thing* 3*"*.

Nunca nos imaginamos que tendríamos que guardar aquella camiseta. El futuro no nos había revelado la prueba que estaba a punto de darnos. El bebé, en efecto, era hombre, un hermanito, como lo deseó Luis Andrés. Pero su deseo se cumpliría de una forma misteriosa, diferente, especial.

* * *

Cada uno de enero representa un nuevo capítulo del libro de tu historia. Cómo abordas ese inicio tiene un impacto relevante en lo que será tu año. Es el momento ideal para proponerte cosas nuevas porque tu mente está flexible y abierta a salir de su zona de confort. Muchas veces no nos damos cuenta de esto y perdemos una gran oportunidad de cambio y crecimiento.

¿Tienes un gran sueño en tu vida? Tradúcelo a un objetivo específico. ¿Quieres lograr algo este año? Ponte metas. ¿Quieres lograr tus metas? Escríbelas y dales seguimiento. No solo se siente muy bien, sino que está comprobado que si escribes tus objetivos, tienes más probabilidades de cumplirlos. Y si los socializas con tu familia y amigos, tu compromiso y convicción se hace mayor. Yo lo hice así con mi proyecto de gratitud. Nunca me dio pena contar mi emprendimiento, aunque a veces mi declaración pasara desapercibida.

A inicios de 2016 yo estaba convencido de que no había mejor momento para iniciar mi reto del año, el cual estaría completo hasta contar con la documentación de 365 frases de apreciación por algún evento del día. Era de suponer que los primeros ejercicios serían los más difíciles, ya que nunca había llevado un diario como este y tuve que desarrollar la práctica. En varias ocasiones olvidé registrar mi agradecimiento y luego debí hacer memoria para ponerme al día. Pero poco a poco lo convertí en un hábito auténtico y fácil.

Es natural que cuando piensas en agradecer por algo, lo primero que te viene a la mente son las cosas buenas, los eventos que te generan sensaciones agradables. Momentos que no necesitas analizarlos para encontrar en ellos algo positivo, porque naturalmente lo son, tal cual lo reflejan los siguientes ejemplos de las primeras apreciaciones que registré en mi bitácora.

Agradecimiento 1
La risa genuina de Luis Andrés al enterrarlo en la arena de la playa.

Agradecimiento 4
Tener un pastel de cumpleaños iluminado de velas, rodeado de mi familia.

Agradecimiento 6
Desayunar con dos buenos amigos del colegio y filosofar sobre la vida.

Agradecimiento 10
Ver "Point Break" en 3D y sentir la adrenalina por la acción extrema.

Mi proyecto de gratitud daba sus primeros pasos. Pasos firmes.

* * *

Eran las cuatro de la tarde cuando recibí la llamada. Era Stefanie. Sonaba seria y preocupada, algo no andaba bien y debía ir inmediatamente con el médico. Yo sospeché lo peor.

Estábamos suscritos al boletín electrónico de BabyCenter.com para recibir información semanal sobre la evolución del bebé. Recordaba de manera precisa los correos automatizados que nos llegaron durante los embarazos de Luis Andrés y Ana Belén para indicarnos la semana a partir de la cual podían nacer y desarrollarse con normalidad. Para nuestro tercer hijo aún no habíamos recibido el aviso. Stefanie tenía 24 semanas de gestación, menos de seis meses.

Detuve el carro en el primer semáforo rojo. Hasta ese día no había contemplado la posibilidad de tener un hijo prematuro. Busqué en Google desde mi teléfono: "probabilidad de un bebé de 24 semanas" y el buscador me sugirió frases más precisas, intuyó qué deseaba.

Abrí los primeros enlaces con hambre de información alentadora. Un parto prematuro es aquel que ocurre antes de las 37 semanas completas de embarazo. Era fácil deducir que 24 semanas era una situación bastante lejos de lo deseable. Pero según los sitios especializados que encontré, el límite de viabilidad para bebés prematuros se encuentra entre las 22 y las 25 semanas. Aunque eso calmó parcialmente mis ansias, los detalles nublaron mi esperanza. Según un estudio de la Sociedad Española de Neonatología, la tasa de supervivencia de un neonato de 24 semanas es de apenas 37 por ciento.[1]

La boda de mi cuñada estaba programada para ese fin de semana y varios familiares que residen en el extranjero habían venido a Guatemala. Afortunadamente, una prima estaba con Stefanie y la acompañó mientras yo llegaba a la clínica médica.

Mi esposa me recibió envuelta en llanto y yo confirmé mis sospechas. Había roto fuente y era inevitable iniciar el trabajo de parto. Nos dirigimos inmediatamente al hospital.

Aunque el cuadro clínico de Stefanie era normal, siempre tuvimos una preocupación subyacente desde el inicio de su embarazo y ese 13 de enero se materializó. La fuente se había roto a causa de un estreptococo del grupo B (EGB), un tipo de bacteria que algunas mujeres portan y que la mayoría de veces es inofensiva, pero se la pueden transmitir al recién nacido durante el parto.[2]

Tengo memorias intensas de aquellas horas. Me sentía totalmente impotente, sin control de la situación. No tenía la menor idea del tipo de cobertura de nuestro seguro médico familiar para estas circunstancias y me preguntaba si los hospitales de nuestro país estaban preparados con equipo y protocolos para atender a un recién nacido tan vulnerable y prematuro.

Muchas preguntas invadían mi angustiada cabeza y debía tomar decisiones pronto. Escuché infinidad de sugerencias de personas que nos quieren. Todas eran válidas y bien intencionadas, pero muy distintas entre sí. Me volvía loco la incertidumbre de la logística mezclada con mi mayor preocupación: la salud de Stefanie y del bebé. Aún tengo grabado el momento en que colgué la primera de un sinnúmero de llamadas con mi corredor de seguros y me eché a llorar en el pasillo del hospital frente a mi mamá y mi suegro. No sé si antes me habían visto así.

La mayoría de mis recuerdos son como un *flash* tras otro. Pero hay una memoria específica aún muy vívida. Fueron dos o tres segundos de comunicación eterna con Stefanie que constantemente corren en *replay* en mi cabeza. Cuando dos enfermeras la llevaban en una camilla hacia la sala de partos, ella me tendió su mano y me dijo con una voz dulce, pero tremendamente temerosa, que esta sería la primera verdadera prueba en nuestro matrimonio. Nunca olvidaré aquellas breves, pero impactantes palabras que me despertaron a la realidad. La forma en que abordáramos la incertidumbre, los retos y los posibles momentos tristes que se avecinaban, haría una gran diferencia en nuestra relación de pareja.

Las pruebas no existen simplemente para "ponernos a prueba", sino para que decidamos si queremos seguir creciendo. Y en este caso la prueba giró alrededor del crecimiento de mi relación con mi esposa.

Stefanie ya había ingresado a la sala de partos y yo no sabía si podría acompañarla durante la cesárea. Mientras esperaba ansiosamente en un pequeño vestidor, hacía mi mejor intento por colocarme una vestimenta esterilizada. Ya lo había hecho antes, para el nacimiento de Luis Andrés y de Ana Belén, pero esta vez me embargaba un temor evidentemente distinto. Me cundía una mezcla de miedo y de tristeza, difícil de describir, pero fácil de recordar. Me late fuerte el corazón cuando regreso a ese momento: no había nadie más en el vestidor y el único ruido era la aguja del reloj de pared que marcaba los lentos segundos. Embutido en la ropa esterilizada y sentado en una banca empecé a orar. Elevé mis súplicas desesperadas por la salud de nuestro bebé hasta que me interrumpió la puerta que se abrió súbitamente. Tenía permiso para acompañar a mi esposa.

Ya había estado en una sala de operaciones similar hacía seis y tres años. La diferencia esta vez fue que descubrí en Stefanie un quebranto que jamás le había visto. Acaricié su rostro y su cabello, besé su frente. Quería hacerle saber que estaría ahí totalmente enfocado en ella. Mantuve su mano en la mía mientras nacía nuestro bebé extremadamente antes de tiempo y me sentí impotente cuando vi caer una lágrima gruesa y pesada sobre la mejilla de mi esposa. Era la lágrima cargada de angustia, incertidumbre y tristeza de una madre que sabe la dificultad que se avecina para su hijo.

Nuestro hijo nació aproximadamente a las ocho y media de la noche del 13 de enero. Pesó una libra y tres onzas.

El día más peligroso en la vida de un bebé prematuro es el de su nacimiento. Su riesgo de muerte y discapacidad es mayor en las primeras horas porque es muy vulnerable a infecciones y a dificultades respiratorias debido a que sus pulmones no están completamente desarrollados.[3] Las siguientes horas serían críticas para nuestro bebé. Todavía me parece que hubieran ocurrido ayer.

En el corredor del hospital nuestra familia y amigos me recibieron con un abrazo confuso. No sabían si felicitarme por el nacimiento de nuestro hijo o darme sus muestras de apoyo por su llegada tan anticipada y riesgosa. Fue un sentimiento raro, pero cada abrazo me transmitió mucha fuerza y amor.

Pocos minutos después del parto, un sacerdote franciscano llegó al hospital —a petición de una tía de Stefanie— para darnos la oportunidad de un bautizo. No sabíamos cuánto tiempo disponíamos para este importante sacramento. Mientras nos autorizaban el ingreso a la sala de cuidados intensivos, el padre me preguntó por mi esposa y le conté que estaba físicamente bien, aunque débil y emocionalmente abatida. Entonces me hizo referencia a una imagen de la Virgen María con un puñal clavado en el pecho.

—¿La has visto alguna vez? —me preguntó—. Representa el dolor de una madre por su hijo que sufre y representa su fortaleza.

Recordé que cuando era niño había en nuestra casa un cuadro con esa imagen y sentí una conexión natural con mi infancia que me arrancó un suspiro de fe. El carismático visitante me había llevado un mensaje de paz y serenidad con palabras tan naturales y auténticas. Tenerlo ahí para bautizar a nuestro bebé fue una bendición.

Stefanie aún estaba en recuperación, no pudo acompañarnos en la ceremonia. Con dos médicos y una enfermera alrededor de la incubadora, nuestro bebé fue bautizado.

—¿Cuál es el nombre? —preguntó el padre.

—¡Thiago! —respondí tímido y temeroso, pero con mucho orgullo.

* * *

En las siguientes horas no tuve ni un segundo para sentarme a tomar aire. El tiempo se me pasó entre estar pendiente de Stefanie y Thiago y descubrir la logística para trasladarlo a un centro especializado en Estados Unidos. Eso fue lo que decidimos al corroborar la cobertura del seguro y determinar que era la mejor opción para un bebé "extremadamente prematuro", según la definición de la Organización Mundial de la Salud para aquellos bebés que nacen antes de la semana 28 y que requieren de un cuidado neonatal intensivo.[4]

La última hora que recuerdo fue cerca de las cuatro de la mañana, cuando recibí la autorización de la aseguradora para pedir una ambulancia aérea e ingresar a Thiago a un hospital infantil en San Petersburgo, una ciudad situada en la costa oeste de Florida y muy cerca de Tampa.

Exhausto, con dolor y tensión de cabeza, recostado en un incómodo sofá cama del hospital donde conseguiría conciliar unas horas de sueño tibio, decidí abrir mi bitácora de gratitud. El diario apenas contaba con doce líneas, doce agradecimientos, uno por cada día trascurrido del año, y todos cargados de eventos y experiencias naturalmente positivas.

Mi siguiente agradecimiento sería muy distinto.

Al final de aquella dura jornada podría haber ignorado mi disciplina y decidir cómodamente que no era el momento para escribir un agradecimiento más en mi diario. También pude haber limitado mis sentimientos a las oraciones de esa madrugada. Pero la verdad es que no fue difícil tomar la decisión de escribir algo y dar gracias por el día, aun cuando pareciera no ser un buen día. Quizá lo difícil fue encontrar las palabras correctas. Finalmente escribí algo. Una frase corta, sencilla, pero cargada de sentimiento y, sobre todo, de gratitud genuina:

Agradecimiento 13
Miércoles 13 de enero de 2016
Recibir a Thiago; verlo llegar, aunque inesperadamente.

* * *

Desperté a las siete de la mañana en el sofá cama del hospital. Lo primero que hice fue ver cómo estaba Stefanie, luego busqué a Thiago en la sala de cuidados intensivos y a partir de ahí inició de nuevo la secuencia de trámites y decisiones para concretar su traslado inmediato a Estados Unidos. Mi hijo y yo emprenderíamos el viaje juntos, pero el tiempo nos jugaba en contra.

Con la ayuda de amigos y amables personas, logramos conseguir el pasaporte para Thiago. Mientras esperábamos el egreso del hospital, el avión ambulancia ya había despegado de San Petersburgo rumbo a Guatemala. Pero cuando solo faltaba una hora para el aterrizaje, el piloto recibió instrucciones de retornar a Estados Unidos. La razón: un pulmoncito de Thiago había colapsado y no soportaría el traslado aéreo. Con pocas horas de haber nacido, nuestro bebé tuvo que ser sometido a una cirugía que lo dejó terriblemente débil. Además, había adquirido el estreptococo durante su nacimiento y la infección empeoraba su recuperación. Los médicos nos explicaron su delicada condición. Subirlo a un avión lo pondría en mayores riesgos, por lo cual aceptamos desistir del viaje.

Poco después tuvimos que enfrentar una situación crucial: decidir entre desconectar las máquinas respiratorias que sostenían la vida de nuestro pequeño o prolongar su sufrimiento ante la posibilidad de un milagro.

Stefanie aún estaba bajo el efecto de fuertes medicamentos y no se sentía bien, y yo estaba en un estado emocionalmente vulnerable, cansado y con miedo. En algunos momentos me sentí solo ante la responsabilidad de decidir sobre la vida de mi hijo. ¿Qué tan objetivo podía ser en mi decisión? Finalmente, con apoyo de la familia, acepté la bendición de tener un hijo ángel y que Dios dijera cuándo era su momento, no las máquinas.

Stefanie y yo tuvimos la oportunidad de estar con Thiago en la sala de cuidados intensivos. Habrá sido una hora o un poco más. Lo pudimos cargar y besar hasta el último latido de su diminuto, pero gran corazón. Se me hace un nudo en la garganta cuando recuerdo a su mamá cargándolo y abrazándolo cuidadosamente. Le susurraba suavemente al oído palabras llenas de amor. Es tremendamente difícil tener a tu bebé en tus brazos, sentir su calor y saber que será la primera y única vez que podrás hacerlo. Ves a tu pequeño hijo ahí, a punto de partir, y te entristece pensar que no tendrá ninguna de las oportunidades que nosotros tuvimos para disfrutar el regalo de la vida.

Aunque nunca me he arrepentido de la dura decisión, a veces me asalta un sentimiento de culpa. Rondan en mi cabeza preguntas como: ¿Fue una decisión correcta? ¿Correcta para quién? ¿Para evitar el sufrimiento del bebé o para nuestra comodidad ante posibles implicaciones? ¿Correcta para nuestra fe religiosa o para las probabilidades médicas?

Por aquellos días me topé con el testimonio de una madre británica cuyo bebé nació a las 23 semanas. Ella decidió empujar al máximo la supervivencia de su hijo, a pesar de las múltiples complicaciones. A los tres años, el pequeño tenía parálisis cerebral, enfermedad pulmonar crónica y escasas posibilidades de llegar a la adolescencia. La madre, que adoraba a su hijo, experimentaba todos los días un sentimiento de culpa por haber forzado su supervivencia y posponer lo inevitable. Contaba que "si hubiera sabido lo que tendría que pasar, habría querido que muriera en mis brazos". Y en su reflexión sobre las duras decisiones que deben tomar los padres de un prematuro extremo opinaba: "Estás condenado si lo dejas vivir y estás condenado si no lo haces".[5]

No sé si leer ese artículo me dio paz, pero me ayudó a entender que simplemente no había una salida fácil. Decidir sobre la vida de Thiago es algo con lo que tendré que cargar el resto de mi vida, pero yo me mantengo firme y creyente en que optamos por lo mejor.

Estoy muy consciente de que existen momentos en las vidas de las personas mucho más trágicos e impactantes. No puedo ignorar esa realidad y mucho menos comparar situaciones. Pero para nosotros ese día representó un derrumbe, un mar de tristeza en el cual nos ahogábamos. Habíamos esperado con tanto amor a nuestro hijo. Lo deseábamos tanto al lado de nosotros y lo tuvimos que dejar partir.

Terminé el 14 de enero triste y agobiado, nuevamente tendido sobre el sofá cama del hospital. Casi a la medianoche abrí mi bitácora de agradecimientos. La habitación estaba a oscuras y el resplandor de la pantalla del teléfono chocaba con mi vista cansada. Con escasas fuerzas sostenía el aparato y mis dos pulgares temblaban en una mezcla de abatimiento y confusión. Repasé los agradecimientos de los días anteriores y no pude escribir nada. Apagué el teléfono. Giré la cabeza sobre la almohada y tuve la sensación áspera de que había emprendido mi proyecto en el peor año. ¿Qué sentido tiene dar gracias el día que tu hijo recién nacido no sobrevivió? ¿Cuál es la forma adecuada de mostrar gratitud en un día triste y amargo?

Me perdí en mis preguntas y recriminaciones durante unos tres o cuatro minutos hasta que, de repente, mi mente se calmó y vino a mí una certeza: aquella noche era cuando más debía dar gracias. En ese instante entendí que siempre hay algo por lo que se puede agradecer. Siempre.

Ese día gris de enero di un giro radical en la expectativa de mi proyecto de gratitud que me permitió mantener la disciplina firme el resto del año. Y esto fue lo que escribí en mi diario:

Agradecimiento 14
Jueves 14 de enero de 2016
Haber tenido la oportunidad de cargar, besar y sentir el calor de Thiago, previo a su partida.

En medio del dolor, fui capaz de comprender el momento especial que nos obsequiaron: habíamos podido despedirnos de Thiago y darle amor.

Recordar aquella escena me llena de tristeza, pero también me da paz y fe. Pudimos pasar un breve momento con nuestro hijo, colmado de amor, y sentimos gratitud por ello. Fue un valioso regalo de nuestro ángel guardián que quedará en nuestros corazones para siempre.

* * *

Al día siguiente tuvimos que tomar otra decisión: ¿Debía Stefanie asistir al entierro de Thiago? Queríamos minimizar el dolor de los días, semanas y meses por venir y, en particular, no deseábamos queríamos intensificar el punzón que ella sentía en su corazón. Nos sentíamos sumidos en un lago de confusión y no sabíamos hacia dónde nadar.

Finalmente, afrontamos la realidad para dar vuelta a la página. Recibimos permiso para que Stefanie saliera del hospital por unas horas y pudiera participar en el homenaje al pequeño campeón. Nos dirigimos hacia el camposanto el viernes 15 de enero a media mañana. Mi padre condujo el automóvil y mi madre fue la copiloto. Stefanie y yo viajamos en el asiento de atrás y en medio de nosotros colocamos la caja blanca, la más pequeña que he visto.

La trayectoria de treinta minutos transcurrió casi en silencio, aunque los pensamientos de mis padres nos llegaban al corazón y nos daban confort. Stefanie y yo teníamos el deseo de ver a nuestro hijo por última vez, pero no sabíamos si era conveniente. Sin decir nada, decidimos abrir el cofre que albergaba a nuestro ángel. Hasta entonces pudimos examinar y admirar a nuestro hijo, como suelen hacer los padres cuando les entregan a su recién nacido en el hospital.

La cabecita de Thiago era como el puño de mi mano, tenía el cabello oscuro y sus labios finos se parecían a los de Ana Belén. Me pareció ver en su nariz algunas semejanzas a la mía y no me quedó duda de que su rostro, en general, se parecía al de su hermano Luis Andrés. A pesar de su diminuto tamaño y del bajo porcentaje de grasa en su rostro y extremidades, era un bebé plenamente formado. Acariciamos su suave piel y apreciamos su carita que nos transmitió tanta paz y tranquilidad. Esa fue la imagen de Thiago que guardamos en nuestro corazón.

Acompañados de nuestra familia inmediata y de la prima de Stefanie, despedimos a Thiago en un bello jardín.

* * *

Stefanie regresó al hospital para su recuperación y un día después pedimos un segundo permiso para asistir a la boda de su hermana. Apenas logró ver el vals. Poco después de la ceremonia, el dolor la obligó a volver a la cama.

Fueron días tremendamente duros para mi esposa. No solo perdió a su (nuestro) bebé recién nacido, sino que con el corazón destrozado tuvo que renunciar a participar plenamente en la boda de su hermana, su mejor amiga. Sin embargo, ella lo sobrellevó con admirable fortaleza.

Pasamos dos días más en el hospital y tuvimos tiempo para conversar, especialmente durante las noches. La sensibilidad de nuestros corazones nos generó una gran conexión emocional. Hablamos de lo sucedido, de nuestra tristeza y de nuestra fe. Intercambiamos poderosas palabras de apoyo.

El domingo 17 de enero, Stefanie decidió enviar una señal a nuestros familiares y amigos que habían estado muy pendientes de nosotros. Redactó un *post* de desahogo en una red social. Un reconocimiento de que estábamos con el corazón roto, pero saldríamos adelante. Un signo que me confirmó que la fortaleza de mi esposa sería mi ejemplo e inspiración para los días venideros. Stefanie escribió:

Se nos fue nuestro amado angelito Thiago.

Mi Thiago:

Estuviste con nosotros diecinueve horas, pero dejaste recuerdos que jamás olvidaremos. Agradecemos a Dios y nos sentimos bendecidos de haber tenido la oportunidad de acariciarte, besarte, tenerte en nuestros brazos y decirte una y otra vez lo mucho que te amamos y lo mucho que tus hermanos te esperaban. Tuviste la dicha de conocer a tus cuatro abuelos y tíos que también tuvieron la dicha de conocerte, cantarte y acariciarte. Son estos y muchos más los momentos que tendremos con nosotros por una eternidad. ¡Fuiste un guerrero, mi campeón!

¡Dejas nuestros corazones partidos, pero enamorados para siempre de ti! Eres ahora nuestro bello ángel de la guarda Thiago.

Regresamos a nuestro hogar abatidos. Extrañábamos a un bebé que nunca tuvimos en casa, quedamos con tanto amor que dar. Pero al entrar a nuestra residencia encontramos una sorpresa que nos iluminó el día: la sala estaba llena de orquídeas y otras coloridas flores que nuestra familia y amigos nos enviaron. No podríamos habernos sentido más apoyados y queridos y fue esa gratitud la que documenté en mi agradecimiento del día:

Agradecimiento 18
Lunes 18 de enero de 2016
Regresar a casa y encontrar un "jardín" de orquídeas.

Mi proyecto de gratitud registraba apenas un cinco por ciento de avance. Tenía un largo camino por recorrer: 347 días y 347 agradecimientos por documentar. Pero tras la partida de Thiago asumí el compromiso de terminar el proyecto y no dudé de que así sería.

* * *

Dicen que cuando haces algo por veintiún días seguidos comienzas a generar un hábito. El mito parte del planteamiento que hizo en 1960 Maxwell Maltz, un cirujano plástico de la Universidad de Columbia, y se simplificó a través de los años.[6] Aunque estudios científicos más recientes sugieren que el número de días para formar un hábito es mayor, a mí me hace sentido el mito tradicional. Creo que tres semanas bastan para tomar impulso con un nuevo comportamiento. Repetir una rutina por varios días es suficiente para que el esfuerzo que el cerebro realiza para tomar acción se vuelva menor, y, por lo tanto, la decisión se torna más fácil. A las tres semanas ya se tiene una buena base.

Llevaba casi veintiún días documentando mis agradecimientos y contaba con el ritmo y la disciplina para seguir haciéndolo. Era un hábito o, por lo menos, llevaba aviada. Con apenas tres semanas comenzaba a comprender el concepto de la gratitud más allá de lo básico y obvio. La tracción de este poderoso aprendizaje se ancló aquel 14 de enero en el hospital y se reafirmó en las semanas posteriores, tal como reflejan estos extractos de mi bitácora:

Apreciación por la salud:
Agradecimiento 37
¡Estar enfermo… y recordar que es una bendición la salud!

Apreciación por la inocencia y las travesuras de tus hijos:
Agradecimiento 38
Ver el portón de la casa pintado con una "obra de arte" de los niños.

Apreciación por los momentos simples pero grandes:
Agradecimiento 59
Ver a Ana Belén tratando de levantar las cejas.

Apreciación por la fiesta y el baile:
Agradecimiento 72
Una noche alegrísima en el concierto de Pitbull ¡nuestro mejor concierto!

Apreciación por los alimentos:
Agradecimiento 73
¡Desayunar unos waffles deliciosos!

Apreciación por los momentos a solas con tu pareja:
Agradecimiento 74
Platicar mucho con Stefanie durante el largo y eterno tráfico vehicular.

Apreciación por el trabajo:
Agradecimiento 104
Un día intenso y frustrante en la oficina, pero mi trabajo me apasiona.

* * *

Jake Bailey es un joven al que le diagnosticaron en 2015, a los 18 años, una de las formas más raras y agresivas de cáncer: padecía un linfoma no Hodgkin de Burkitt en etapa avanzada. Su pronóstico de vida era de tres semanas, pero el inicio de la quimioterapia abrió sus ojos y su corazón para poder abrazar cada día, porque no sabía si sería el último. Jake sobrevivió. Desde hace dos años entró a un período de remisión; es decir, desaparecieron los síntomas y las células cancerosas en su organismo. Escribió el libro *What Cancer Taught Me* (Lo que el cáncer me enseñó) y se convirtió en orador motivacional. En el discurso que dio en 2016, durante el *Tour de Cure Snow Ball* en Sidney, expuso sus aprendizajes durante su lucha por vivir. Cuenta que en los días oscuros y de sufrimiento, posterior a algún doloroso tratamiento, buscaba la forma de encontrar un rayo de sol y una razón para sentirse afortunado. "Es cierto, acababa de recibir una dura quimioterapia, pero ese día había un excelente programa de televisión. Sí. Me sentía extremadamente mareado, pero sabía que ya nunca podría sentirme tan mal. Es correcto. Esto me está pasando a mí, pero no a nadie que aprecio", reflexionó.[7]

En su biografía publicada en su página personal, Jake dice: "No tomes nada por garantizado y da gracias por las pequeñas cosas que serán muy grandes el día que estés en la cama de un hospital".[8]

Los poderosos mensajes de Jake Bailey giran alrededor de la práctica constante de agradecer, sin importar si se trata de eventos grandes o pequeños, placenteros o de angustia y dolor.

Agradecer momentos sencillos genera sentimientos favorables y apreciar las oportunidades en situaciones desfavorables puede brindar positivismo, fuerza y aprendizaje. Traducir lo negativo en algo positivo es un ejemplo de la gratitud en su máxima expresión, un ingrediente vital para una vida feliz.

La foto con la que dimos la noticia de que nuestro tercer hijo venía en camino.

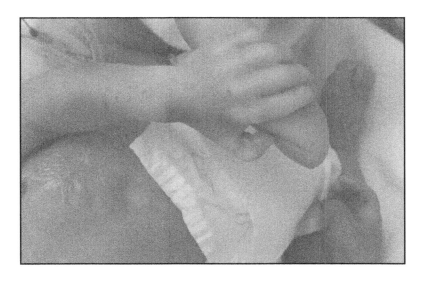

Stefanie toca a Thiago por primera vez al ingresar su mano por un costado de la incubadora.

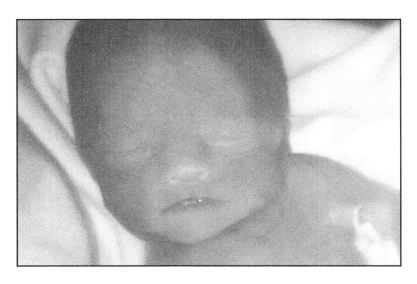

Thiago.

Nuestro momento de amor con un gran luchador.

CAPÍTULO 2

Ángeles, globos y mariposas

> Las grabaciones me mostraron a un globo bailarín al ritmo de un viento inexistente, ya que todas las ventanas y puertas estaban cerradas. Era un globo juguetón y explorador determinado a llegar hasta nuestra alcoba para entregar un potente mensaje de amor.

No existe el azar. Lo que nos parece el más reciente accidente proviene de la fuente más profunda del destino.

—FRIEDRICH VON SCHILLER

Nunca he sido fan de las cadenas de correos electrónicos, pero no me pude resistir al *email* que me envió una persona que aprecio y admiro mucho por su filosofía de la vida y del trabajo. Si mi mentor me había mandado una cadena, tenía que ser algo bueno. Abrí el archivo de PowerPoint y estuve a punto de cerrarlo cuando escuché música con violines y vi a un pequeño siervo en un bosque. Pero el mensaje captó mi atención. No recuerdo el contenido exacto, pero mencionaba las características de la gente feliz. Hablaba de la actitud y el optimismo. De invertir en experiencias y no en cosas materiales. De buscar relaciones con propósito y significado. Y concluía con diez o más mensajes atribuidos a un profesor de Harvard que impartía una de las clases más populares de la prestigiosa universidad. No me la creí. Pensé que alguien común y corriente, como yo, había escrito algo interesante y se lo atribuía a un profesor para darle peso a su siervo en el bosque.

Mi curiosidad, sin embargo, ya estaba despierta, lo cual me pasa a menudo con los temas que me intrigan. Abrí mi ordenador para buscar el nombre del profesor ¡y vaya sorpresa! Tal Ben-Shahar sí existe y es un escritor estadounidense e israelí y prestigioso profesor de Harvard. No solo daba un curso específicamente de la felicidad, sino que es uno de los promotores del movimiento moderno de psicología positiva. Su clase *Positive Psychology 1504* tuvo a mil 400 estudiantes inscritos en la primavera de 2006 y se convirtió en uno de los cursos más populares en la historia de la universidad.[9]

Fue tal el impulso que me generaron los mensajes del correo que inmediatamente compré uno de los libros de Ben-Shahar en Amazon titulado *Happier* (Más feliz). La obra tendría una fuerte influencia en mi forma de ver el aprendizaje, la vida y la felicidad la cual, según el autor, es la meta humana más elevada que puede haber y cualquiera puede alcanzarla si simplemente identifica lo que verdaderamente importa en la vida.

A partir de la lectura de *Happier* di un viraje radical en mis intereses por la literatura. Casi abandoné los libros de negocios y los sustituí por reflexiones de crecimiento personal. Fue un punto de inflexión en mi vida que estuve a dos segundos de desaprovechar si hubiera ignorado la cadena de correo. ¿Por qué abrí justo ese *email* que tuvo un impacto trascendental en mí? ¿Era eso una casualidad?

Siempre he disfrutado aprender y creo que aprendo rápido, pero debo admitir que no era hábil con la lectura. Adquirí el hábito hasta que estudié la maestría en la escuela de negocios Kellogg, varios años atrás. Pasé largas noches y fines de semana completos leyendo libros, artículos y casos de estudio, mientras Stefanie, embarazada de Luis Andrés, dormía. Asumí la lectura como un pasatiempo y no como una obligación.

La primera inclinación con mi nuevo *hobbie* fue devorarme los libros clásico-modernos de estrategia y liderazgo. Autores como Jack Welch, Jim Collins y Michael Porter, gurús de la empresarialidad, competitividad, liderazgo y estrategia, no podían faltar en mi biblioteca. Por varios años, leer un libro relacionado con crecimiento personal nunca fue una opción para mí. Me parecían innecesarios y aburridos. Pero cuando recibí aquella cadena electrónica me flexibilicé y quise experimentar con un nuevo tipo de lectura. ¡Vaya descubrimiento! *Happier* se convirtió en uno de mis libros preferidos.

Posteriormente leí *How Will You Measure Your Life?* (¿Cómo medirás tu vida?) de Clayton Christensen y *Chasing Daylight* (Persiguiendo la luz del día) de Eugene O´Kelly, que también pasaron a ser mis libros favoritos, a tal grado de que a menudo los regalo a mis amigos que aprecian este tipo de lectura.

Esos tres libros cambiaron radicalmente mi forma de ver la vida y me despertaron la consciencia de mi entorno. Me enseñaron el significado del crecimiento personal. Posiblemente no habría experimentado este cambio si no hubiera abierto aquel correo que parecía contener una tonta cadena. El tonto habría sido yo por haberla ignorado. Y probablemente fui tonto varias veces.

Pequeñas cosas o acciones que parecen insignificantes pueden tener un gran impacto. Todos experimentamos a lo largo de nuestras existencias una serie de "efectos mariposa", o sea interrelaciones de causa-efecto que se pueden dar en todos los eventos de la vida. Un pequeño cambio puede generar grandes resultados. Pero rara vez nos damos cuenta.

Ver la imagen de un siervo brincando en el bosque generó un gran cambio en mí y me preparó para el futuro. Sin duda, entró a formar parte de mi portafolio de efectos mariposa.

* * *

La psicóloga española Gema Sánchez Cuevas publicó en septiembre de 2013 un artículo acerca del extraño concepto de sincronicidad titulado: *No existe la casualidad, existe la sincronicidad.*[10] Me convenció de que podemos ganar mucho si le ponemos atención a las cosas que suceden por aparente coincidencia. A continuación, un extracto:

> *Todos hemos experimentado en alguna ocasión una coincidencia que parecía tan improbable que nos resulta mágica y epifánica, como si existieran conexiones entre sucesos, personas o informaciones a través de hilos invisibles que tan sólo podemos vislumbrar por momentos. Según el psiquiatra suizo Carl Jung esto no es casualidad, sino sincronicidad, uno de los aspectos más enigmáticos y sorprendentes de nuestro universo.*
>
> *¿Qué es la sincronicidad? Este concepto existe al menos desde las vedas, pero fue Carl G. Jung quien acuñó el término de sincronicidad, refiriéndose a "la simultaneidad de dos sucesos vinculados por el sentido, pero de manera no causal" como la unión de los acontecimientos interiores y exteriores de un modo que no se puede explicar, pero que tiene cierto sentido para la persona que lo observa.*
>
> *Jung llegó a la conclusión de que hay una íntima conexión entre el individuo y su entorno, que en determinados momentos ejerce una atracción que acaba creando circunstancias coincidentes, teniendo*

un valor específico para las personas que la viven, un significado simbólico o siendo una manifestación externa del inconsciente colectivo. Son este tipo de eventos los que solemos achacar a la casualidad, el azar, la suerte o incluso a la magia, según nuestras creencias.

Steve Jobs, fundador de Apple y Pixar, también hizo referencia a la sincronicidad en su famoso discurso de la graduación de Stanford, en 2005, aunque él la refiere de otra forma. Habla de "conectar los puntos" (*connecting the dots*) y darles un sentido a las situaciones duras de la vida. Jobs apuntaba que es casi imposible conectar los puntos hacia adelante, pero es fácil y obvio unirlos hacia atrás. Decía que es necesario confiar en que las situaciones que vivimos se conectarán en el futuro, cobrarán sentido y traerán algo positivo. E insistía en no perder la fe, aunque a veces la vida te pegue con un ladrillo en la cabeza.[11]

El discurso de Jobs se basa puramente en su experiencia, desde su infancia como hijo adoptivo hasta ser despedido de Apple. Jobs admitió que haber sido echado de su propia empresa fue lo mejor que le pudo pasar, ya que lo condujo a uno de sus períodos más creativos. Fundó Next, empresa de computación que sería comprada por Apple, y creó Pixar, la primera compañía en utilizar animación digital para un filme completo (*Toy Story*). Varios años después regresó a dirigir Apple y convirtió a la compañía en una de las más grandes y exitosas del mundo. Así lo cuenta la biografía escrita por el aclamado Walter Isaacson. Un libro que, por cierto, fue el obsequio de un compañero de trabajo que me inspiró tremendamente.

Particularmente, yo me siento muy identificado con el discurso de Jobs (a quien aprecio más cada vez que lo escucho) y creo que unir los puntos es otra forma de explicar la sincronicidad.

* * *

La experiencia que me llevó a comprender por primera vez la sincronicidad y la conexión entre dos puntos sucedió a pocos minutos del nacimiento de Thiago. Fue cuando el amable sacerdote franciscano me refirió la imagen de la Virgen con un puñal en el pecho para ejemplificar el dolor que sufría Stefanie.

Me impactó enormemente que el padre me hablara de una imagen que desde muy pequeño yo veía colgada en el corredor de mi casa y que mi mamá siempre me explicó lo que representaba, pero yo era demasiado chico para entenderlo. Más de treinta años después lo comprendí. Sentí una conexión enorme al relacionar una memoria de infancia con un momento que requeriría fe y esperanza. Se convirtió en una figura poderosa y significativa que siempre tendré presente porque me recuerda el enorme dolor de madre que enfrentó Stefanie y su fortaleza para ver hacia adelante.

La imagen es conocida como Virgen de los Dolores, Virgen de la Soledad, Virgen Dolorosa o Nuestra Señora de los Dolores. No se le vincula a una aparición, sino al más profundo dolor que sufrió la madre de Jesús; el sentimiento de una madre ante el sufrimiento de su hijo. Es una imagen que "nos enseña a tener fortaleza ante los sufrimientos de la vida".[12]

La referencia del padre en el hospital fue impactante, al igual que mi recuerdo de infancia relacionado con la Virgen Dolorosa. Pero la figura se tornó aún más potente y significativa cuando descubrí que había estado colgada en el dormitorio del hogar que Stefanie y yo compartimos desde hace diez años. Estuvo allí todo el tiempo, a un costado de la entrada de nuestro clóset. No recordamos quién, pero alguien nos la dio como regalo de bodas y, sin darnos cuenta, la Virgen Dolorosa convivió con nosotros desde el inicio de nuestra vida de casados. Mucho antes del nacimiento de nuestros hijos Luis Andrés y Ana Belén. Mucho antes del nacimiento y partida de Thiago.

Es increíble como a veces las cosas pueden estar allí y no las ves porque estás distraído. Eventos trascendentes o momentos sencillos, con un profundo significado, pueden pasar desapercibidos. La vida entera se te puede ir sin extraerle los mayores frutos. Pero vivimos para ser felices y esto requiere estar presentes, conectados, ver las "casualidades" y elegir darles un sentido.

La imagen de la Virgen Dolorosa en nuestro hogar fue la primera señal que decidimos no ignorar y hacer de ella una fuente de sentido, fe y esperanza. Pero no fue la única.

Los días y meses posteriores continuamos recibiendo mensajes, quizá ordinarios, quizá marginales, pero nosotros decidimos darles un significado y tender con ellos una conexión entre nuestro dolor y la esperanza. La conexión estaba representada por mensajes que poco a poco dieron forma a una misión angelical. Un propósito cada vez más claro, imposible de ignorar.

* * *

Varios meses después de la visita de Thiago, vimos junto con Stefanie una película llamada *Collateral Beauty* (belleza colateral), protagonizada por Will Smith. Si bien la cinta no recibió muy buenas críticas, posee el potente mensaje de encontrar belleza en lugares o momentos donde menos la esperamos, particularmente en los desafortunados. El examen que reprobamos, la promoción de trabajo que no obtuvimos, el automóvil chocado e incluso la pérdida de un ser querido. Encontrar belleza o algo positivo en estas ocasiones indeseables es a lo que la película llama belleza colateral.

Pero ¿cómo es posible darle un sentido a la partida de un ser querido? Podría ser al reconectar con los momentos especiales que compartieron. O con el descubrimiento del amor. Sin embargo, creo que es algo muy personal y únicamente la persona que enfrenta la situación lo puede responder con precisión.

El nacimiento tan anticipado de Thiago y su pronta partida fue muy duro para nosotros, pero encontramos en el camino una serie de mensajes transformadores y nos topamos con ángeles, globos y mariposas que nos hicieron descubrir la belleza colateral.

* * *

Nos dimos cuenta de la situación hasta que una maestra de Luis Andrés nos comentó los sentimientos que nuestro hijo de cinco años le había expresado. Estaba ofendido y enfadado porque nosotros solo le habíamos enseñado una foto de su hermanito y no le permitimos conocerlo. Algo que nunca nos dijo. O quizá sí, pero sin palabras y nosotros no fuimos capaces de descifrar las señales. Sin duda, la situación era difícil de comprender para un niño que esperaba con ansias la llegada del hermanito que pidió como un deseo frente al castillo de Disney y que crecía dentro de su madre. Y que de un día para otro ya no estaba.

Ni Stefanie ni yo sabíamos cómo manejar la situación. No teníamos experiencia en esos asuntos y mucho menos sabíamos a quién pedir ayuda. Pero recordamos que meses atrás habíamos conocido a una psicóloga infantil que nos ayudó con Ana Belén para otra situación particular. Luis Andrés también la había visto más de una vez y le tenía confianza, así que acudimos a ella. Su apoyo fue excepcional. Después de dos sesiones con nuestro hijo le obsequió un pequeño muñeco, que cabía adentro de su diminuto puño, y lo llamaron Thiago. Durante varias semanas, Luis Andrés llevó al muñequito a todas partes, lo cuidó y durmió con él. Fue una manera de compartir con su hermano, darle cariño y cerrar una herida que había quedado abierta porque no pudo conocerlo.

A pesar de que el pequeño muñeco se ha perdido varias veces, Luis Andrés aún lo conserva. Recién lo vi en su clóset. En casa hablamos de forma muy natural de Thiago, el hermano ángel que está en el cielo. Luis Andrés lo dibuja a veces en sus retratos de la familia. No sabemos si comprende totalmente la situación, pero sin duda la ha asimilado y no es un tabú en nuestro hogar.

Creo firmemente que el apoyo que en su momento requirió Ana Belén fue para ponernos a esta especial psicóloga en el camino. Ella sabría cómo apoyarnos con Luis Andrés por medio del muñeco llamado Thiago.

* * *

Unos meses después tuvimos una experiencia increíble, una que todavía me eriza la piel cuando la cuento. Se trata de esos episodios que es necesario revisar una y otra vez para entenderlos y creerlos. Y que cuando consigues dimensionarlos y darles sentido, se vuelven tan reales como si los hubieras captado con una cámara de video. Justo como nos sucedió a nosotros.

La mañana del 7 de mayo Stefanie me despertó bastante alterada. Estaba desconcertada y a la vez contenta. Se había unido a un grupo de apoyo en Facebook conformado por madres que han perdido a sus bebés o hijos pequeños. La noche anterior había estado leyendo las publicaciones en la página y los comentarios acerca de momentos en los que las madres sienten un tipo de conexión con su hijo que ha partido. Unas hablaban de contacto con pajaritos y mariposas. Otras, de globos y brisas de viento fresco. En resumen, pequeñas señales que el hijo envía desde otra dimensión para decir que está ahí.

Stefanie terminó de leer los comentarios poco antes de la medianoche y mientras batallaba contra el insomnio, rumiaba la idea de que ella nunca había tenido una revelación como las que referían las madres del grupo. Se preguntaba por qué no había presenciado algo así de especial. Y de repente sintió una corriente en su mejilla. Un globo travieso había trepado hasta la cama y se había posado sobre su rostro. Un frío y un caluroso temor envolvieron a Stefanie y se echó a llorar en silencio. Horas después me despertó para contarme la experiencia, ante la cual yo me mostré naturalmente escéptico.

El globo no salió de la nada. Había llegado a nuestra casa días atrás, cuando fuimos a una reunión familiar organizada por mi cuñado para anunciar la llegada de su bebé. Nuestros parientes habían decorado su hogar con globos rosados y celestes inflados con helio. Antes de despedirnos, Luis Andrés tomó uno celeste y lo llevó a casa. Jugaba con él por las tardes y noches, hasta que se desinfló. Conservaba suficiente helio para flotar, pero por momentos se desplomaba y quedaba a centímetros del suelo.

Me fui al trabajo muy pensativo. Quería creer el relato de Stefanie, pero tenía dudas. Mi curiosidad y mi mente buscaban la explicación racional. De pronto recordé las cámaras de vigilancia que tenemos instaladas en nuestra residencia, incluido el segundo nivel. Salí del trabajo nervioso y conduje con prisa hacia la casa. Subí corriendo las escaleras y con ansiosa rapidez busqué las grabaciones. Quería confirmar el misterio, pero también esperaba encontrar una evidencia que desvirtuara una posible exageración.

Me quedé frío al ver el monitor de las cámaras. La noche del episodio con Stefanie, el globo descansaba en nuestra sala familiar y, con energía propia, emprendió el viaje. Lenta, pero constantemente, salió de la sala hacia el corredor, entró a nuestro dormitorio y escaló hasta la mejilla de mi esposa. Las grabaciones me mostraron a un globo bailarín al ritmo de un viento inexistente, ya que todas las ventanas y puertas estaban cerradas. Era un globo juguetón y explorador determinado a llegar hasta nuestra alcoba para entregar un potente mensaje de amor.

Ese día aprendí que la fe no requiere explicaciones lógicas ni racionales.

* * *

Encontrar mensajes interconectados es como un efecto de red. Mientras más conexiones encuentras, más elevas tu consciencia y las conexiones se presentan con más frecuencia. Entonces eres más capaz de reconocerlas y apreciarlas y surgen más y más, hasta que descubres la razón de por qué suceden y entiendes que todo pasa por algo. Verlo y vivirlo así es una elección. Nuestra elección fue mantener los ojos y el corazón abiertos para seguir encontrando las pistas y mensajes que revelarían poco a poco un mapa: la guía para transitar *Una travesía de 365 días de gratitud*.

Los códigos siguieron presentándose de formas sencillas, pero especiales. El siguiente episodio fue la mariposa que posó junto a nosotros en una foto familiar. Pasábamos un fin de semana en el lago de Atitlán y decidimos fotografiarnos con el volcán San Pedro de fondo. En la primera fila se pararon nuestros hijos y mi sobrino y detrás de ellos, Stefanie y yo. Grande fue la sorpresa al descubrir que a nuestra derecha, al lado de los niños, una mariposa blanca desplegó sus alitas justo cuando la cámara captó la imagen. Nos dio la sensación de tener un retrato de "la familia completa".

Ocurrieron muchas cosas más —no todas incluidas en este relato— y algunas desafortunadas, como el pajarito que chocó con un vidrio de nuestra nueva casa y sus alas dejaron una huella que se asemejaba a la silueta de un ángel. Una de las más memorables fue la vez que una canción que yo asociaba directamente con Thiago empezó a sonar en mi reproductor de música (en modo aleatorio) tres segundos después de cruzar la meta de una carrera en San Diego, California, dedicada a nuestro ángel luchador. Esa misma mañana grabé el nombre de Thiago detrás de la medalla de la competencia.

Regresé a casa el lunes 6 de junio de 2016 con el pecho inflado y satisfecho por haber batido mi récord en una media maratón dedicada a nuestro hijo. Stefanie me recibió alegremente inquieta por sus sospechas. Estaba esperándome para hacerse una prueba de embarazo. El resultado, en efecto, fue positivo. Estábamos nuevamente embarazados. Nuestro cuarto hijo nacería a mediados de febrero de 2017.

ÁNGELES, GLOBOS Y MARIPOSAS

Virgen Dolorosa. Izquierda: el cuadro que mi mamá tenía colgado en una pared de la casa durante mi infancia. Derecha: la imagen que ha estado en nuestra habitación desde nuestra boda.

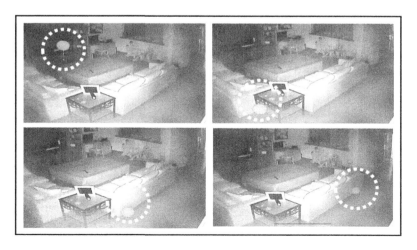

Secuencia de imágenes extraídas del video de nuestra cámara de seguridad. Un globo emprende su camino hasta nuestro dormitorio.

Lago de Atitlán y el volcán San Pedro de fondo. Una mariposa juguetona posa en nuestra foto familiar.

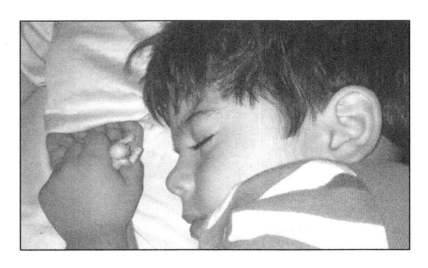

Luis Andrés duerme con su pequeño muñeco llamado Thiago.

Reverso de la medalla que obtuve en la media maratón de San Diego, California, dedicada a Thiago y en la cual obtuve mi mejor marca de tiempo.

CAPÍTULO 3

El agradecimiento 326

> Escuchar su llanto fue como una refrescante y alentadora brisa. Como cuando estás en un cuarto bochornoso y te asomas a una ventana para respirar aire fresco. Nunca imaginé que escuchar a alguien llorar podría dar tanta calma y tranquilidad.

Quiero prosperar, no solo sobrevivir.

—Jon Foreman

Un *rainbow baby* o bebé arcoíris es el que nace de una madre que antes ha sufrido una pérdida durante el embarazo, nacimiento o período neonatal. Se llama así porque a una tormenta le sigue un bello y brillante arcoíris que da la esperanza de que las cosas van a mejorar. El arco de colores es más apreciado cuando se acaba de enfrentar una tempestad.[13]

Nuestro bebé arcoíris sería hombre y lo llamaríamos Fabián.

* * *

El 2016 avanzaba y mi proyecto de 365 días de gratitud me permitía seguir musculando el valor de dar gracias. Cada día me volvía más hábil para identificar y apreciar los pequeños y grandes momentos. Momentos perfectos e imperfectos, pero todos dignos de agradecer y aprender de ellos.

La fabricación de sentimientos de gratitud ya tenía un buen ritmo. A menudo me costaba escoger "el" agradecimiento al final del día. Estos son algunos ejemplos de memorias gratificantes que registré con una habilidad bastante más desarrollada:

Apreciación por la amistad y por la música:
Agradecimiento 176
Ir a un concierto tributo a Mecano con nuestros amigos.

Apreciación por el deporte y por la naturaleza:
Agradecimiento 220
Correr media maratón "trail" en las montañas de Tecpán.

Apreciación por la espontaneidad y por tus padres:
Agradecimiento 248
Encontrarnos sorpresivamente a mis papás en un restaurante.

Apreciación por la diversión en familia:
Agradecimiento 295
Disfrazarnos de Superman y Mujer Maravilla con los niños.

Apreciación por la ternura hacia tu hija:
Agradecimiento 308
Ver el primer recital de ballet de Ana Belén.

Apreciación porque tu hijo te recuerde tu infancia:
Agradecimiento 311
Ver a Luis Andrés en combate en su torneo de karate.

Apreciación por la inspiración y el aprendizaje:
Agradecimiento 316
Escuchar la charla de Kat Cole, presidente de Focus Brands.

Tal Ben-Shahar recomienda escribir cinco cosas al día por las cuales uno está agradecido para mantener las emociones frescas y apreciar los aspectos positivos de la vida, en vez de darlos por sentado. Es un ejercicio muy parecido en forma y fondo a mi proyecto, aunque al iniciarlo yo no tenía clara mi intención. Esta se desarrollaría a lo largo del año.

El dicho popular dice que la práctica hace al maestro. Y eso mismo sucede con la gratitud. Fui aprendiendo a apreciar todo tipo de experiencias durante el día y descubrí que si hago una pausa mental breve al sentir gratitud, el sentimiento positivo se expande y se convierte en una memoria que, a su vez, alimenta mi felicidad. Cualquier día ordinario se puede volver extraordinario al ser agradecido.

* * *

El embarazo avanzaba tan bien como podía hacerlo, hasta que llegó el día del agradecimiento 326.

El jueves 17 de noviembre, Stefanie fue admitida en el hospital con contracciones leves, un día después de que sus cuadros rutinarios de laboratorio mostraron una probabilidad de estreptococo tipo D. No era la misma infección que había causado el nacimiento prematuro de Thiago, pero nuestra sensibilidad emocional a cualquier riesgo era alta. Con la hemoglobina y el hierro bajos, y sin entender lo que eso significa, sabíamos que estar en el hospital era lo más prudente y sensato. Teníamos una cicatriz reciente en nuestros corazones y no queríamos revivir las tensiones de diez meses atrás en el hospital.

Con cada hora transcurrida, las contracciones parecían estar más bajo control. Sin embargo, aumentaba la probabilidad de que Stefanie pasara el resto del embarazo internada en el hospital con monitoreo permanente. Apenas finalizaba el segundo trimestre.

No se sabe con precisión por qué un bebé nace antes de tiempo, pero entre los factores que aumentan las probabilidades están la edad de la madre, si ella ya ha tenido un bebé prematuro o si ha padecido infecciones durante el embarazo. A sus 35 años, Stefanie cumplía los últimos dos criterios.

Desde el primer día empecé a prepararme mentalmente para tomar decisiones ágiles. Había aprendido mucho ese año sobre partos prematuros y de los trámites logísticos y administrativos del hospital y de la aseguradora. ¿Nacería nuevamente antes de tiempo nuestro bebé? ¿Cuáles son las probabilidades de supervivencia y desarrollo normal de un neonato de 27 semanas? ¿Y de 28, 29 o 30?

La tasa de supervivencia para un bebé de 26 semanas es de 57 a 71 por ciento. A la semana 27 la expectativa de vida sube hasta 87 por ciento, pero aún se le considera "extremadamente prematuro" y necesitará de una máquina que le ayude a respirar. Tiene, además, un riesgo alto de desarrollar complicaciones y problemas de salud a largo plazo.[14] Cada semana que consiguiéramos que Fabián permaneciera en el vientre de su mamá, bajo la vigilancia del hospital, sería una victoria. Cada día, incluso, sería un gran logro a favor de su probabilidad de supervivencia. Pero esos logros tenían un alto costo. No monetario, no para mí, sino para el héroe de la historia: mi valiente esposa Stefanie, quien padecía el efecto de las medicinas que reducían las contracciones y evitaban el nacimiento del bebé, y a cambio le provocaban mareo, dolor de cabeza e insomnio.

Empecé a tomar notas de los registros médicos y de los comentarios de los doctores en caso de que tuviera que considerar el viaje al extranjero. Nuestro país tiene excelentes médicos y equipo, pero la preparación integral para atender a un bebé de esa naturaleza es, sin duda, más completa en hospitales especializados y con una unidad de cuidados intensivos neonatales, como los que hay en Estados Unidos. Ni siquiera estoy seguro de la precisión de mis apuntes. No sé si realmente habrían sido útiles, pero tenerlos me dio sensación de control. Me dieron sensatez para tomar decisiones.

El domingo por la mañana, tres días después de haber ingresado al hospital, encontré a Stefanie en agonía por el efecto secundario de los medicamentos. Me dijo que se sentía como en un manicomio, incapaz de controlar su propio cuerpo. No encuentro las palabras para describir lo que esta mamá valiente, dispuesta a hacer cualquier cosa por su bebé, estaba sufriendo.

La mañana del lunes 21 de noviembre las contracciones de Stefanie continuaron y subieron de intensidad. Nuestro panorama cambió. Las probabilidades de supervivencia y salud del bebé eran más altas si estaba afuera del vientre de su madre. Los médicos confirmaron que no había alternativa, Fabián debía nacer ese día. Tenía 27 semanas de gestación.

No lo supe en ese momento, sino muchos meses después, cuando escribía este libro. Stefanie me contó que uno de los episodios más difíciles que vivió alrededor del nacimiento de Fabián fue cuando el médico le indicó que debía dar a luz inmediatamente. Mientras escuchaba las razones, su mente divagó y se trasladó a la llegada y pérdida de nuestro angelito Thiago. No imaginaba la vida en un mundo en el que hubiera recibido y perdido a dos hijos en el mismo año.

Stefanie esperó algunos segundos antes de llamarme y pedirme que llegara de nuevo al hospital (ya lo había hecho a primera hora en la mañana por una falsa alarma). Yo estaba en una sesión en la oficina cuando contesté el teléfono. Del otro lado escuché que era imposible postergar más tiempo el nacimiento de nuestro hijo. Debía llegar cuanto antes.

Encontré a mi esposa sumida en un mar de llanto. La expresión de su rostro era de temor y terror, el más grande que he visto en ella. Era un miedo que yo, a pesar de la fe que me acompañaba, también compartía. La cuenta regresiva había comenzado.

* * *

Tuvimos una especie de *déjà vu*, esa sensación de que un evento vivido en el pasado regresa a la actualidad. En realidad, experimentamos una serie de regresiones. La preparación para la sala de partos. Dar aviso a la aseguradora. Comenzar a coordinar el transporte aéreo a Estados Unidos. Preparar la logística para registrar el nacimiento y tramitar el pasaporte. Etcétera. Pero esta vez las cosas eran diferentes porque ya sabíamos qué esperar y hacer. El conocimiento no me restó ni una sola gota de angustia ni de preocupación, pero me dio confianza para tomar decisiones rápidas, saber qué apoyo pedir y claridad de los pasos a seguir. Esa sensación de control fue valiosa.

En alguno de esos momentos tomé un respiro y envié un mensaje vía WhatsApp a nuestra familia y amigos cercanos. Les pedí sus oraciones y no tengo duda de que se dieron y fueron plenamente escuchadas. El mensaje fue así:

¡Hola! Les pido que por favor se unan a nuestras oraciones. Stefanie ingresará pronto a sala de operaciones para el nacimiento de Fabián el día de hoy. Tenemos fe en Dios que todo saldrá muy bien. ¡Un fuerte abrazo!

Todo saldría bien. Por intenso y confuso que resultara, nunca perdimos la fe. En las redes sociales se desataron cadenas de oración de nuestros familiares y amigos. Las bendiciones que acogieron a Fabián se multiplicaron.

Antes de intentar entrar al área de operaciones donde estaría Stefanie, pedí a una de sus mejores amigas que llamara al mismo sacerdote que bautizó a Thiago y le pedí apoyo para preparar los trámites del registro de nacimiento y el pasaporte. Me propuse ahorrar todo el tiempo posible, no quería perder ni un segundo. Di instrucciones breves en modo de piloto automático. Me sentía guiado por el conocimiento y el instinto de saber qué hacer. Aún tenía fresca la memoria de los trámites que habíamos realizado apenas en enero de ese mismo año y sabía que el factor tiempo era crítico.

Ingresé al vestidor para ponerme el traje esterilizado con la esperanza de poder entrar a la sala de operaciones y acompañar a Stefanie durante el nacimiento de Fabián. Entonces tuve otro *déjà vu*. Estaba sentado exactamente en la misma banca, en la misma esquina y probablemente repetí las mismas oraciones que diez meses atrás. Todo parecía estar en la misma posición. Escuchaba el segundero del reloj de pared, con el mismo ritmo y parsimonia. Los minutos pasaban lentamente, pero esta vez un ángel guardián me acompañó durante mi rezo y me sentí protegido hasta que me notificaron que podía ingresar al quirófano.

Mientras tanto, Stefanie vivía su propio *déjà vu* en la sala de operaciones. Estaba inmovilizada en la camilla, en espera de que comenzara la cesárea, y desde ahí le rogó a un médico que salvara a su pequeño hijo, al costo que fuera. "Por favor, no me permita perder a otro hijo", le suplicó desesperada mientras otro médico le limpiaba las lágrimas. Cuando yo entré al quirófano la encontré tranquila, lo cual me calmó a mí. Hasta varios meses después supe lo que en realidad sucedió.

Pasaron tantas cosas en esos días, fue tanta la intensidad, que transcurridas las semanas y los meses seguimos compartiendo con Stefanie experiencias, pensamientos y sentimientos. Intercambiamos lo que vivimos juntos y en paralelo.

No sé de qué hablamos durante la operación, pero sin duda nos dimos apoyo. El cuarto estaba frío y así sentía las mejillas de Stefanie cuando las besaba. El tiempo pasó lento hasta que nació Fabián. Escuchar su llanto fue como una refrescante y alentadora brisa. Como cuando estás en un cuarto bochornoso y te asomas a una ventana para respirar aire fresco. Nunca imaginé que escuchar a alguien llorar podría dar tanta calma y tranquilidad.

El llanto de Fabián fue su primera forma de decirnos "estoy bien" a pesar de nacer extremadamente prematuro. Nuestro cuarto hijo pesó tres libras y una onza. Su nacimiento constituyó el agradecimiento número 326 de mi diario.

A diferencia de enero de ese mismo año, los abrazos que recibí al salir al corredor del hospital fueron de júbilo y festejo. A pesar de los evidentes riesgos que afrontaba nuestro bebé, la familia entera celebró la primera foto del campeón. Entre todos los que nos acompañaban distinguí el rostro del sacerdote franciscano. Le pedí que bendijera al gran luchador.

Mientras los médicos estabilizaban a Fabián, el padre y yo conversamos sobre lo que vivió nuestra familia desde la partida de Thiago. Le conté que sus frases sencillas fueron una poderosa fuente de fe que nos permitió decodificar los mensajes intangibles que nos llegaron cuando más los necesitábamos. También le conté sobre mi proyecto de 365 días de gratitud (aunque en ese entonces no le llamaba así) y de cómo la experiencia con Thiago me había comprometido aún más a terminarlo, un reto que estaba casi en la recta final. Interrumpimos la plática cuando nos permitieron entrar a ver a Fabián. Pospusimos el bautizo, el padre únicamente le dio sus bendiciones.

Esa misma tarde escribí un segundo mensaje para nuestra familia y amigos:

¡Hola a todos! Fabián nació a las 3:25pm, pesó tres libras y una onza y ha reaccionado muy bien. Stefanie también está bien. Ahorita estamos en toda la correrá para poder trasladar al bebé mañana a primera hora. ¡Un abrazo a todos y gracias por estar atentos!

Fabián parecía estar estable, pero debíamos trasladarlo de urgencia a un centro especializado. El destino sería el mismo de Thiago: el hospital infantil en San Petersburgo.

A pesar de que Fabián estaba en el umbral del alto riesgo, nos sentíamos optimistas. Tener tres semanas más de gestación que Thiago (y casi el triple de peso) le daban más del doble de probabilidades de supervivencia. Lo que nos preocupaba era su desarrollo. Hasta el 80 por ciento de los bebés extremadamente prematuros desarrolla desde discapacidades leves, como bajo coeficiente de inteligencia y bajo puntaje cognitivo, hasta discapacidades severas, como ceguera, sordera, parálisis cerebral y limitaciones físicas.[15] Esa incertidumbre me privó del sueño durante mi primer mes en el hospital.

* * *

Después de obtener la constancia de nacimiento conduje en pleno tráfico de la tarde hasta el registro de ciudadanos. Los autos avanzaban a vuelta de rueda y por momentos se quedaban atorados (yo até bien mis zapatos por si necesitaba bajar del carro y trotar hasta el destino). Llegué a la oficina pública después de la hora de cierre, pero logré que me dejaran entrar y atendieran mi petición urgente de inscribir el nacimiento de Fabián. Luego, mientras solicitaba la llegada de una unidad móvil de la oficina de pasaportes a la sala de cuidados intensivos, fui a un banco con horario extendido para hacer el pago correspondiente.

Nada de esto habría sido posible sin el apoyo de mucha gente que nos aprecia. Aunque vivimos momentos de mucha tensión, todas estas personas especiales simplificaron nuestra tarde y estamos eternamente agradecidos por su ayuda.

Terminé mi jornada con la autorización de la aseguradora para el traslado aéreo y la confirmación de que la central del hospital de Estados Unidos coordinaría el transporte al día siguiente. Almorcé una quesoburguesa a las diez de la noche.

El cuarto del hospital era el mismo que el de enero. No sé a qué hora desperté, pero recuerdo perfectamente que tenía la espalda torcida y adolorida por las pocas horas de sueño en el sofá cama que tenía los resortes bastante más vencidos que a inicios de año.

Mi primera acción del día fue revisar el estado de salud y emocional de Stefanie. La percibí tranquila, pero cansada. Estaba ansiosa por saber de Fabián y me encomendó la primera misión del día: ir a verlo.

En la sala de cuidados intensivos me topé con una grata sorpresa: la misma enfermera que nos acompañó a inicios de año. No recuerdo su nombre, pero sí su expresión de alegría y orgullo al reconocerme y decirme que ella había cuidado a Thiago. Estuvo presente en su bautizo, presenció con nosotros su partida y acompañó nuestras lágrimas. Casualidades de la vida que más bien son bendiciones, sincronicidades.

Regresé a la habitación de Stefanie y le di reporte de nuestro hijo. Después de darle otro abrazo me fui a casa a preparar mi ligera maleta. Mi esposa debía cumplir un período de recuperación de cuatro días y el reducido espacio del avión ambulancia solo permitía un acompañante. De manera que emprenderíamos el viaje únicamente Fabián y yo.

A pesar de los momentos de tensión y ansiedad que preveía, el viaje que estaba por emprender, de duración desconocida, me llevaría a una profunda reflexión sobre mi familia, las amistades, mi fe, la salud y la gratitud. Los siguientes meses terminaría de comprender el significado de la espiritualidad y su diferencia con la religión, indagación que comencé desde la visita de Thiago. Entendería la sincronicidad como un valor y reconocería que es nuestra elección verla o ignorarla. Identificaría la importancia de estar presente con la gente y con uno mismo, a pesar de la distancia (nuestra familia y amigos estuvieron con nosotros siempre, aunque estaban a mil 700 kilómetros). Reconfirmaría que una actitud positiva hace una gran diferencia. La gratitud (por todo, con todo y para todo) es la esencia de la felicidad genuina y perdurable, y convertí esta hipótesis en teoría mediante el proyecto que me condujo a estas líneas. Una conducción influenciada, sin darme cuenta, por la disciplina de finalizar lo que uno comienza, lección que aprendí desde niño con mi padre.

Son los momentos duros los que nos transforman y el crecimiento humano requiere siempre de una transformación que nos reta y nos saca de nuestra zona de confort. A veces requerimos que algo o alguien nos empuje afuera de esas fronteras.

Este viaje de cortos y profundos meses desató mi búsqueda de un propósito de vida y potenció mi caballaje emocional.

* * *

Dos paramédicos del hospital en Estados Unidos llegaron a recoger a Fabián. Un hombre y una mujer aparecieron en el pasillo con sus peculiares uniformes con los que más parecían personal de la NASA. A Stefanie y a mí nos recordaron aquella escena de la película *Armagedon*, protagonizada por Bruce Willis y otros actores famosos, en la que los astronautas caminan de frente hacia la nave aeroespacial con la que salvarán al mundo. En ese momento nuestro mundo era Fabián y nuestro único deseo era que estas dos personas lo mantuvieran a salvo.

Los dos técnicos atenderían a Fabián en las alturas y asegurarían su traslado exitoso desde Guatemala hasta la Florida, donde aterrizaríamos y abordaríamos una ambulancia terrestre para llegar al hospital en San Petersburgo. Previo al viaje debían colocar a Fabián en una incubadora portátil tan grande y compleja que parecía una cápsula espacial. Antes de introducirlo permitieron a Stefanie cargar por primera vez a su hijo. Fabián lloró suavemente y su madre lo calmó con una voz dulce e inolvidable. "No llores", le susurró múltiples veces y nuestro hijo pareció entenderle. Fue un "momento perfecto" como los que describe O'Kelly. Un momento perfecto como la escena de mi familia en la playa la última noche de 2015.

Sentí una enorme gratitud al ver a una mamá valerosa cargando a su hijo luchador y quise grabar la escena en video para no olvidarla y para que Fabián conozca un día su historia. Meses después edité en casa el videoclip y le incorporé la canción *Rise* de Boyce Avenue, original de Katy Perry, por su letra tan emotiva. En el mismo cortometraje agregué otros videos que grabé durante nuestra estadía en San Petersburgo.

La canción habla de no solo sobrevivir, sino de prosperar y crecer. De no conformarse, tener fe y de pelear para transformarse. De levantarse y permanecer consciente, a pesar del caos y las adversidades. De luchar. La letra en inglés dice así:

I won't just survive
Oh, you will see me thrive
Can't write my story
I'm beyond the archetype

I won't just conform
No matter how you shake my core
'Cause my roots — they run deep, oh

Oh, ye of so little faith
Don't doubt it, don't doubt it
Victory is in my veins

I know it, I know it
And I will not negotiate
I'll fight it, I'll fight it
I will transform

When, when the fire's at my feet again
And the vultures all start circling
They're whispering, "You're out of time"
But still I rise

This is no mistake, no accident
When you think the final nail is in
Think again, don't be surprised
I will still rise

I must stay conscious
Through the madness and chaos
So I call on my angels
They say

Oh, ye of so little faith
Don't doubt it, don't doubt it
Victory is in your veins
You know it, you know it
And you will not negotiate
Just fight it, just fight it
And be transformed

Fueron innumerables los mensajes que recibimos en esa época para interconectar eventos ordinarios que se tornaban en extraordinarios y esa canción no fue la excepción. Desde que la escuché por primera vez me capturó su conmovedora mezcla de letra y melodía acústica. En particular captaron mi atención las primeras dos estrofas: *I won't just survive/Oh, you will see me thrive* (No solo sobreviviré/Oh, me verás prosperar). Mientras salía a correr y hacía ejercicio durante nuestra estadía en San Petersburgo pensaba que esas eran las palabras que mejor describían a mi guerrero Fabián. Lo imaginaba cantándonos la canción a Stefanie y a mí y a todo el mundo, un mundo al que ya le mostraba sus ganas por explorarlo y aportarle felicidad. Casi un año después descubrí que el Día Internacional del Bebé Prematuro de 2017 tenía el lema *Let them thrive* (Déjalos prosperar).

* * *

Me despedí de mi familia en el corredor del hospital mientras escuchaba el rechinido de las ruedas que movían la incubadora portátil de Fabián. Aunque me sentía seguro, estaba acongojado, a punto de llorar, de estallar. Con la mochila de viaje en mi espalda le di un fuerte abrazo a Stefanie. Fue un momento duro también para ella. Se separaría de su bebé recién nacido durante varios días. Todo era incierto, pero ella lucía en su bello rostro el brillo de una valentía absoluta y ese fue el antídoto de mi pánico. La fortaleza y la seguridad que vi en mi esposa me dieron el impulso para abordar la ambulancia y emprender el viaje con fe.

El traslado terrestre del hospital al aeropuerto fue más turbulento de lo que esperaba. Los baches característicos de nuestras calles me parecieron cráteres interminables. Era como si la ambulancia no tuviera amortiguadores, sentía que rebotábamos. Quizá era mi sensibilidad exacerbada por mi primer viaje con una sirena encendida para abrir paso y la necesidad de subirnos cuanto antes al avión.

Detrás de nosotros, mi cuñado conducía un picop y nos siguió hasta el aeropuerto. Lo vi desde la pequeña ventana de la ambulancia y le agradecí en mi mente su compañía. El día anterior había estado conmigo en cada paso que di para obtener en tiempo récord la papelería que nos permitió viajar. Su apoyo en esos días fue fundamental y me infundió mucha seguridad. Ahora es el padrino de Fabián.

Por fin llegamos a la pista del aeropuerto. Mis nervios ya se habían normalizado un poco, pero no tardaron en alterarse de nuevo cuando descendieron la incubadora de la ambulancia, con Fabián adentro. Había que acomodar una camilla para ingresar la cápsula al avión. Era un día despejado y cálido y el sol le pegaba directamente al cuerpecito del viajero. A pesar de que Fabián tenía puestos unos anteojos tipo aviador para proteger sus ojos, yo sentía que su piel sensible ardía. Probablemente la exposición solo duró un par de minutos, pero yo la sentí eterna y la sufrí en carne propia.

Finalmente ingresamos al avión y, para mi sorpresa, en el limitado y apretado espacio habían colocado nuestro almuerzo: un menú de Pollo Campero, ¡mi favorito!

Mi único equipaje era una pequeña mochila con el emblema de Kellogg, mi más reciente alma máter y la institución que me inculcó el hábito de la lectura. Adentró había colocado un ejemplar de *Chasing Daylight*, la obra que inspiró mi proyecto de 365 días de gratitud. Ya la había leído completa, pero pensé que el viaje de aproximadamente tres horas era un momento idóneo para releerla y reforzar sus mensajes.

Nunca abrí el libro.

Parecía que tendríamos un vuelo normal, con la acostumbrada turbulencia, hasta que empezaron a sonar los silbatos del monitor de la incubadora. La tranquilidad de los paramédicos se transformó lentamente en incertidumbre controlada. No lograban estabilizar los signos vitales de Fabián.

Tres meses después yo habría podido interpretar con precisión cuáles eran esos signos vitales alterados, pero en aquel momento no tenía la menor idea de qué sucedía. Solo sabía que si la alerta sonaba era porque algo no andaba bien y requería atención. Mis nervios se multiplicaron. Mi corazón palpitaba con rapidez. Sudaba. Intenté orar, pero me perdía en la segunda o tercera frase y olvidaba lo que estaba diciendo. No tuve la capacidad ni el orden mental para rezar un Padre Nuestro. Quería aportar algo a la situación, pero humildemente acepté mi impotencia y reconocí que cualquier intervención (verbal o física) de mi parte no contribuiría en nada. Me quedé mudo y simplemente dejé a los paramédicos hacer su trabajo.

Los técnicos habían decidido no intubar a Fabián antes del viaje. No lo requería porque sus signos vitales y reacciones estaban bien, pero me advirtieron que si era necesario intervenir su respiración, lo harían durante el vuelo, lo cual podía ser una experiencia desagradable y tensa. Y así fue. Después de no sé cuántos minutos de escuchar la interminable alarma, los paramédicos decidieron intubar a mi pequeño hijo. Mi corazón latía tan rápido que el monitor de actividad cardíaca que utilizaba a diario para mis entrenos habría asumido que estaba en una sesión intensa de ejercicio.

Adentro de un avión, el procedimiento de intubado deja de ser sencillo y requiere de pericia y precisión. Yo observaba inmóvil a los técnicos cuando noté que a uno de ellos se le ponía rojo el rostro. Supe después que al pobre se le acalambró la pierna justo cuando sostenía en su regazo a

Fabián y hacía su mejor esfuerzo para no moverse ni un milímetro.

Los paramédicos encontraron una flema grande y densa en la garganta de nuestro prematuro, la cual no le permitía respirar bien ni recibir suficiente oxígeno (días después entendí que el nivel de saturación de oxígeno y el bajo ritmo cardíaco habían desatado la alarma). Al succionar la flema, Fabián reaccionó inmediatamente y las horribles alarmas se silenciaron. Posiblemente ya no requería la intubación, pero los técnicos no quisieron correr ningún riesgo.

El resto del viaje transcurrió sin sobresaltos y tuve la oportunidad de conversar con los técnicos. Hablamos sobre nuestras familias y países y les pregunté con qué frecuencia venían a Guatemala a recoger pacientes. Uno de ellos había venido dos veces al país y me contó que en uno de los viajes debía recoger a un bebé bastante prematuro y cuando sobrevolaban el Golfo de México les ordenaron regresar a Estados Unidos. Desde la central del hospital les informaron que la condición del bebé era muy crítica y no podría sobrevivir a un traslado aéreo. El episodio había ocurrido a mediados de enero de ese mismo año. Me quedé frío y supe de inmediato que aquel hombre había estado cerca de nuestras vidas sin que hubiéramos estado en contacto. Se trataba de uno de los paramédicos que meses atrás iba a recoger a Thiago. De nuevo experimenté la sincronicidad.

Los amables técnicos uniformados no solo lograron mantener mi calma durante el difícil viaje. También serían las últimas personas del hospital de las que nos despediríamos tres meses después, previo a regresar a Guatemala con Fabián en brazos.

* * *

Aterrizamos exitosamente en el aeropuerto de Clearwater, pequeña ciudad de Florida ubicada a unos treinta minutos de San Petersburgo. Hicimos los trámites de migración y aunque hubo alguna confusión con el requerimiento de visa para el recién nacido, todo marchó bien. Los oficiales nos trataron con amabilidad y antes de que nos subiéramos a la ambulancia me desearon la pronta recuperación de mi pequeño.

Llegamos al hospital el martes 22 de noviembre. Fabián tenía un día de haber nacido. Nos esperaban los médicos y las enfermeras que se convirtieron en nuestros amigos y consejeros los siguientes tres meses. Habíamos conocido al doctor de cabecera un año atrás, durante un chequeo de nuestros hijos Luis Andrés y Ana Belén. Conversar nuevamente con él, mientras nuestro prematuro era sometido a los exámenes de ingreso, me dio tranquilidad.

A las once de la noche nos quedamos solos Fabián y yo en la unidad intensiva de cuidado neonatal del hospital (NICU, por sus siglas en inglés). Era la primera vez que podía hablarle y rezarle sin presencia de otras personas. Sin embargo, tuve la certeza de que no estábamos solos. Sabía que en esa habitación nos acompañaba Thiago, su ángel guardián.

Después de "charlar" un rato con mi hijo, me di cuenta de que había pasado por alto un pequeño detalle: no tenía un hotel para pasar la noche. Debía conseguir una habitación para mí y mis padres que iban en camino para darme apoyo y compañía; Stefanie se nos uniría cuatro días después, cuando le dieran de alta. Después de una rápida búsqueda en mi teléfono, encontré un hotel a tres cuadras del hospital. Ese sería mi refugio hasta que tuviera más claro el panorama.

Finalicé la jornada ya de madrugada y documenté en mi

bloc de notas lo siguiente:

Agradecimiento 327
Martes 22 de noviembre de 2016
Tener la oportunidad de llevar a Fabián a un centro especializado en bebés prematuros; nunca olvidaré las tres horas de vuelo.

Mi emprendimiento de 365 días de gratitud me había entrenado para aquel momento. Ya comprendía lo que significaba la gratitud y su impacto trascendental en la actitud hacia la vida. Cada día encontraba más aprendizajes en el camino. Sabía que estaba por iniciar una nueva fase. En la recta final de mi proyecto aún faltaban 38 agradecimientos que documentar. La escena de nuestra historia cambiaría de posición geográfica. Venían nuevos desafíos.

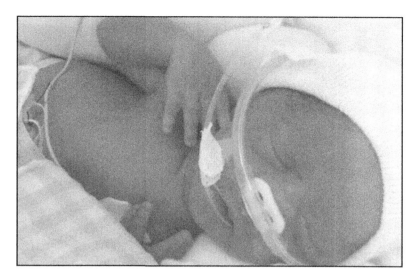

La primera foto de Fabián. Nuestro hijo pesó tres libras y una onza al nacer. Sus primeros días perdió peso, llegando a pesar dos libras y cuatro onzas.

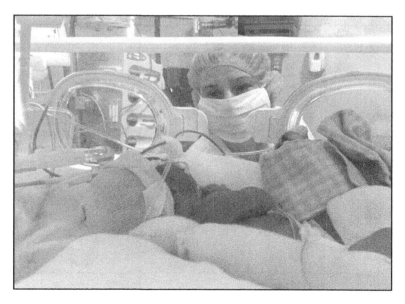

Stefanie saluda por primera vez a Fabián.

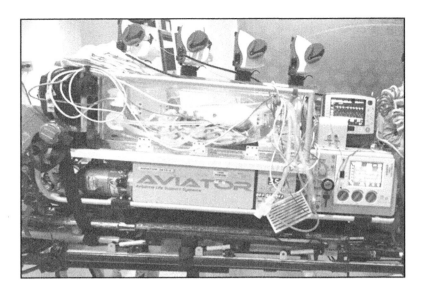

La "cápsula espacial" en la que transportamos a Fabián a Estados Unidos.

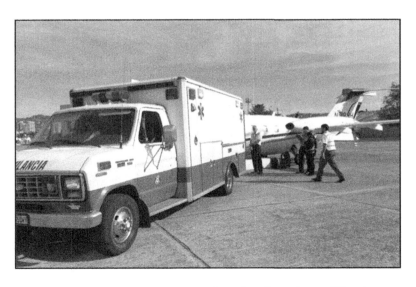

Minutos antes del despegue, rumbo a San Petersburgo, Florida.

CAPÍTULO 4

El Día de Acción de Gracias

> Su fuerza, motivación y deseo determinado de vivir lo hicieron luchar para cruzar la meta y continuar avanzando. Fabián corrió con sus diminutos pies y con su corazón. Completó su primera maratón, la "Maratón del Día de Acción de Gracias". ¡Y la corrimos juntos!

Cuando cruces la línea de meta, no importa qué tan lento o rápido lo hagas, cambiará tu vida para siempre.

—SPIRIT OF THE MARATHON (ESPÍRITU DE LA MARATÓN)

Pareciera ilógico, pero tuvieron que pasar varios meses para que yo pudiera hacer la conexión entre mi proyecto de gratitud y el Día de Acción de Gracias, una fecha que coincidió con la recta final de mi propósito de inicios de año.

* * *

Habíamos llegado al hospital durante la semana de *Thanksgiving* (Día de Acción de Gracias), el mayor festejo familiar en Estados Unidos, y varios empleados gozaban de su merecido descanso. El hospital, sin embargo, mantenía sus estándares de calidad y el cuidado por los detalles. Prueba de ello fue que la primera mañana encontramos en el cuarto de Fabián una tarjeta que decía *"My first turkey day"* (mi primer día de pavo) y tenía impresa la huella de su diminuto pie. Imposible no sentir ternura y agradecimiento al ver los deditos de nuestro recién nacido.

Una semana después le tomé foto a su piecito y la coloqué en mi galería de Instagram. Conmocionado escribí este mensaje:

Este es tu pie. Mide menos de dos pulgadas, pero ya es más fuerte que el mío. Eres tan fuerte que decidiste nacer después del kilómetro (semana) 27 de tu primera maratón. Hoy tienes una semana de nacido y ya tienes mucho que enseñarme sobre el verdadero significado de la resistencia y la paciencia. Dios bendiga la larga y saludable vida que tienes por delante. Espero el día en que corramos juntos una maratón. Con mucho amor, Papá.

No sé por qué relacioné la situación que vivía Fabián con una maratón. Quizá porque un embarazo normal dura 40 semanas y una maratón, 42 kilómetros. No es exactamente el mismo número, pero está muy cerca. Los pies y el corazón son las principales herramientas para correr. Pero al decir corazón, no me refiero al órgano ni al ritmo cardíaco, sino a lo que representa: el querer algo con ahínco y ponerle toda la pasión.

Fabián nació cuando apenas había cruzado el kilómetro 27 y decidió continuar la carrera. Su fuerza, motivación y deseo determinado de vivir lo hicieron luchar para cruzar la meta y continuar avanzando. Fabián corrió con sus diminutos pies y con su corazón. Completó su primera maratón, la "Maratón del Día de Acción de Gracias". ¡Y la corrimos juntos!

* * *

Comencé a correr en una banda estacionaria justo después del nacimiento de Ana Belén. Como muchos, mi objetivo era bajar de peso y al ver que daba resultado (¡bajé cuarenta libras en un año!) desarrollé el hábito. Pero fue hasta que un buen amigo triatleta me invitó a salir a trotar a la calle que le tomé gusto al deporte y cuando participé en la primera carrera de 10 kilómetros entendí que correr era algo que yo podía practicar con frecuencia. Después de concluir mi primera media maratón supe que yo podría correr una maratón completa. Y cuando crucé la meta, pasando el kilómetro 42 por primera vez, comprendí el verdadero significado de correr. Cualquiera que ha vivido la experiencia de terminar al menos una maratón sabe que esta disciplina puede transformar la vida. Conmigo no fue la excepción.

Un año después de haberme puesto los tenis, mi mamá se encontraba en una lucha contra el cáncer, la cual venció favorablemente anclada a su fuerza y determinación. Su batalla fue mi fuente de inspiración para llegar a la meta en mi primera maratón, en San Francisco, California. Antes de la carrera, escribí con marcador negro en mi mano: "Fuerza, optimismo, inspiración". Fue el lema de mi trayecto y al que recurrí para insuflarme fuerza. También en honor a mi madre corrí con un pequeño listón color verde lima en el pecho, símbolo de la lucha contra el linfoma no Hodgkin, un cáncer que se origina en los glóbulos blancos y afecta al sistema inmunológico. El positivismo de mi madre durante su desafío fue un gran ejemplo para nuestra familia y, en particular, para los valores que me definen.

Nunca olvidaré el sentimiento antes y después de esa primera carrera de larga distancia, especialmente antes de finalizar. A menos de cien metros antes de la meta, vi a Stefanie y a mis amigos con quienes viajamos a San Francisco.

Verlos, escuchar sus porras y chocar nuestras manos me sacó una de las sonrisas más genuinas de mi vida. Cerré un ciclo que inicié esa madrugada cuando escribí este mensaje para Stefanie y mi familia, minutos antes de la maratón:

Dentro de 15 minutos: ¡San Francisco, 42.2K! El recorrido completo va por Stefanie, el amor de mi vida ¡gracias por tu constante apoyo y empuje a mis metas! En esta vamos juntos y la dedicamos juntos. La primera subida antes del legendario puente va por Luis Andrés, el caballaje de mi motor motivacional que hoy me trae hasta aquí. La cruzada del puente Golden Gate va por mis amigos de Corretenango, con quienes compartimos esta pasión por el pavimento: prepárense para la experiencia Corretenango 2015. La gran subida después del puente va por mi Ana Belén, quien ha sido el ingrediente de sensibilidad y cariño en mis 19 semanas de preparación. Los kilómetros que atraviesan en vueltas enredadas el parque Golden Gate van dedicados a mi papá, quien siempre ha sido la aguja que define mi norte, y a mis herman@s, la fuente de sabiduría que me ubica siempre. Los últimos 10 kilómetros y la meta los dedico a mi mamá. Su positivismo y valentía son fuente de fuerza y motivo de inspiración. Su actitud ejemplar es la gasolina premium que en este preciso instante estoy colocando en mi tanque y que estoy seguro me llevará hasta el kilómetro 42.2. ¡La meta la cruzaré pensando especialmente en ella y por supuesto también en mi admirado papá, mis herman@s y mis amores Stefanie, Luis Andrés y Ana Belén! Hoy corro por todos y todos corren conmigo ¡San Francisco, aquí te voy!

Poco más de un año después de nuestra experiencia en San Francisco, posterior a recibir la noticia de que Thiago crecía en el vientre de Stefanie, corrí mi segunda maratón en

Chicago, Illinois. En el kilómetro 35 mi querida esposa me entregó una foto del ultrasonido, la cual me dio un nuevo aire para la recta final. Como suelo acostumbrar en momentos especiales escribí un mensaje de inspiración previo a la carrera:

> *¡Una segunda vez que se siente como la primera! Esta va por ti y solo por ti…¡Cada uno de los 42 kilómetros! Correré pensando en nosotros junto a nuestros dos tesoros y por supuesto nuestro hij@ que viene en camino (desde ya me llena de energía y motivación). Con esta otra aventura espero dejar un ejemplo para ellos sobre tener metas sanas que nos atemorizan…esas son las que realmente nos hacen crecer. Los retos que decidimos tomar y cómo los abordamos ¡son los que nos definen como personas! Gracias por hacer de mí siempre una mejor persona ¡Gracias por creer en mí y gracias por empujarme hasta aquí! Esto me llena de satisfacción, afina el norte de mi vida y me hace feliz ¡Tú me haces feliz! Te amo con todo. Así que…¡Chicago, aquí te voy! ¡Y esta va por Stefanie!*

Las maratones ya son parte integral de mi ser. Me han llenado de personalidad y me han forjado importantes valores. La maratón que corrimos con Fabián los reforzó.

* * *

El Día de Acción de Gracias, dos días después de haber llegado al hospital en San Petersburgo, recibí un mensaje muy particular de una amiga mía y de Stefanie. Era una expresión de apoyo que me provocó un vuelco en el estómago y abrió mis ojos para entender lo que estábamos viviendo. Decía lo siguiente: "He comprendido mejor el plan de Dios para

Thiago en este mundo: preparar todo para su hermanito Fabián. Estoy segura de que los está llenando de energías en estos momentos".

Se me enfrió la cara al leerlo y vibró mi corazón. Me sentía confundido, pero positivamente. Entonces me percaté de que fuimos preparados para esto. Thiago nos preparó para esto física, mental y espiritualmente. El mensaje de nuestra amiga me hizo despertar.

Muchos piensan que no existen las casualidades. Yo soy uno de ellos, pero si en aquellos días no estaba convencido de la sincronicidad, pronto lo estaría. A los pocos segundos de leer el texto, ingresamos con mis papás a la cafetería del hospital. Por ser el Día de Acción de Gracias había una pareja de adolescentes cantando y tocando con guitarra canciones acústicas. La melodía que nos recibió y vibró en mi espina dorsal parecía ser cantada por Fabián. Era *Fight Song*. Originalmente interpretada por Rachel Platten, la canción habla de luchar por tu vida y de demostrarle al mundo que estás bien. No importa si nadie más te cree, aún queda mucha lucha en ti. El coro, en inglés, dice así:

This is my fight song
Take back my life song
Prove I'm alright song
My power's turned on
Starting right now I'll be strong
I'll play my fight song
And I don't really care if nobody else believes
'Cause I've still got a lot of fight left in me

¿Existen las sincronicidades? Cada uno de nosotros tiene su forma de responder esta profunda pregunta. Yo tengo la mía y creo explicarla con estas líneas: para mí lo que nos ocurrió en la cafetería es un firme ejemplo del significado de la sincronicidad.

No tengo claro cómo fue el resto de ese día. Tantas jornadas en el hospital, con una rutina tan parecida, nos hicieron perder el hilo de lo que acontecía en cada una. Pero tengo muy presente lo que escribí en el Día de Acción de Gracias, antes de quedarme dormido:

Agradecimiento 329
Jueves 24 de noviembre de 2016
Percatarme de que Thiago nos preparó esto. Fabián es un luchador y saldrá adelante.

Stefanie llegó a San Petersburgo al día siguiente, el viernes, a pesar de que aún sentía mucho dolor por la cesárea. La acompañaban sus padres. Yo estaba impaciente por verla y sé que ella también quería verme, pero no me cabe duda de que la intranquilidad de una madre por reencontrarse con su hijo recién nacido supera cualquier sentimiento. Fue un alivio volver a estar juntos.

El encuentro de Stefanie con Fabián es otro de sus recuerdos más duros de aquel período. Cuando la dejamos sola en la habitación del hospital ella apenas pudo distinguir a su bebé adentro de la incubadora, envuelto en cables y rodeado del sonido de los monitores y de la máquina de asistencia respiratoria.

La mascarilla con la que Fabián respiraba cubría buena parte de su diminuto rostro. Una sonda ingresaba por su nariz y llevaba alimento al estómago. De sus muñecas, brazos y piernitas salían cables conectados a un equipo de monitoreo que marcaba con números y gráficas los latidos de su corazón, su nivel de saturación de oxígeno en la sangre y su presión. Y otra sonda larga y delgada insertada en la parte superior de su bracito (un catéter central colocado por una vía periférica) servía para suministrarle los medicamentos.

Stefanie lloró sobre la incubadora. Debía esperar un día más para poder cargar a Fabián.

* * *

Además de estar llenos de incertidumbre y de preguntas sin respuesta, esos días fueron bastante ajetreados. Nos manteníamos pendientes de Fabián y de cualquier información que nos dieran los médicos tratantes y las enfermeras. Yo, además, tenía otras responsabilidades. Debía encontrar un apartamento para alojarnos durante nuestra estadía de duración incierta. Sabíamos que serían al menos dos o tres meses, dada la condición de Fabián. Encontrar un lugar para vivir con esa flexibilidad de tiempo y acomodado a nuestro presupuesto no fue fácil. Finalmente encontramos el lugar ideal gracias a la recomendación de un médico. No quedaba precisamente cerca del hospital, pero nos permitiría estar en un vecindario tranquilo y en el que Luis Andrés y Ana Belén podrían sentirse a gusto. La experiencia que viviría con ellos en ese lugar sería uno de los mayores regalos que he recibido en la vida.

Nuestro apartamento estaba ubicado en un área residencial a doce minutos del hospital y a dos kilómetros de una playa de arena blanca. Lo rodeaban agradables senderos y paisajes. Era un lugar tranquilo y perfecto para reflexionar, poner mi mente en orden y volver a correr, tras superar una lesión de la rodilla. Perdí la cuenta de cuántas veces salí a trotar, pero disfruté mucho los amaneceres de San Petersburgo. Verlos me cargaba de energía para iniciar cada día con el mayor positivismo posible.

Nos hacía mucha falta Luis Andrés y Ana Belén, quienes estaban en Guatemala en espera de terminar el ciclo escolar para reunirse con nosotros. Sentíamos remordimiento por no poder estar con ellos. ¿Cómo estarían tomando la situación? ¿Estarán sintiendo algo negativo y ocultándoselo a todos?

Nuestros hijos estaban en buenas manos. Sus abuelos y tíos gentilmente tomaban turnos para cuidarlos con la alegre compañía de los primos. Pero no era la primera vez que un hermanito nacía de forma anticipada y si para nosotros era difícil asimilarlo, no podíamos imaginar cómo era para ellos. Al menos dos veces nos preguntaron si el nuevo hermanito también se iría al cielo.

Pasaban los días en el hospital y Stefanie y yo nos empeñamos en aprender todo lo que podíamos sobre los protocolos e indicadores relacionados con nuestro hijo. Aprendimos a leer el monitor de Fabián: la saturación del oxígeno, el ritmo de su corazón, su temperatura, la frecuencia de su respiración. Aunque debo confesar que algunos términos como la acidosis en la sangre ya los conocía por el show infantil de televisión La doctora Juguetes (*Dr. McStuffings*) que solíamos ver en Guatemala con Luis Andrés y Ana Belén.

El tiempo también nos permitió aprender a confiar en el proceso y aceptar que nuestro hijo estaba en las mejores manos. Poco a poco nos acostumbrábamos a la rutina.

Nuestra jornada consistía en levantarnos temprano, llamar al hospital y pedir comunicación con la enfermera de turno a quien proveíamos nuestro código para recibir información del pacientito Fabián. Preguntábamos cómo había pasado la noche y sus indicadores generales, en particular su peso, y cuántos *"bradys"* había tenido.

Después de asegurarnos de que nuestro guerrero estaba bien, yo salía a correr, desayunábamos y me conectaba a la red de la oficina para responder los correos electrónicos más urgentes. Salíamos del apartamento con un café en la mano y yo conducía durante doce minutos hasta llegar al estacionamiento del hospital. Nos dirigíamos a la *NICU*, saludábamos a la amable recepcionista y nos anotábamos en la lista de visitantes. Caminábamos con pasos rápidos a la habitación de Fabián y finalmente podíamos verlo y saludarlo y confirmar la información que nos habían dado por teléfono. Era tan intensa la ansiedad de Stefanie por ver a nuestro bebé que a menudo yo la dejaba en la entrada peatonal del hospital para que ella pudiera adelantarse a verlo, mientras yo estacionaba el carro.

La siguiente etapa consistía en rotular los pequeños frascos de la leche que Stefanie se había extraído durante la noche y madrugada, y llevarlos al depósito. Regresábamos a la habitación y mientras esperábamos la ronda de visitas de los médicos, yo encendía mi computadora portátil y hacía más trabajo de oficina.

Los doctores llegaban entre las diez de la mañana y el mediodía para dar seguimiento a la salud de Fabián y hacer cualquier actualización en su tratamiento. Luego, Stefanie y yo bajábamos a almorzar a la cafetería del hospital y tomábamos más café.

El resto de la tarde me conectaba a una o dos teleconferencias de trabajo y eventualmente fui papá canguro de Fabián, una tarea asignada a Stefanie que yo tuve la dicha de realizar algunas veces. El método de los marsupiales consiste en ponerse en el pecho al bebé prematuro desnudo, o solo con pañal, para que entre en contacto directo con el calor del cuerpo de la madre (o del padre). Además de ser placentero para el bebé, tiene una serie de beneficios médicos como la regulación de su temperatura.[16] Yo fui papá canguro unas tres o cuatro veces y fue impresionante la cercanía emocional que la técnica me permitió desarrollar con mi hijo.

Algo que naturalmente aprendimos en la rutina diaria fue el significado de los indicadores de las máquinas conectadas a Fabián. Particularmente nos familiarizamos con la palabra *"brady"* que le escuchábamos a las enfermeras a menudo.

Brady es la abreviatura de bradicardia, una disminución anormal de la frecuencia cardíaca. Es común que los prematuros con menos de 35 semanas de gestación tengan períodos en los que dejan de respirar y su ritmo cardíaco es más bajo. El nombre médico para la ausencia de respiración es apnea del prematuro y el nombre para la frecuencia cardíaca lenta es bradicardia. El descenso de la frecuencia cardíaca es común en los bebés prematuros porque la parte del sistema nervioso central encargada de controlar la respiración no está suficientemente madura para permitir la respiración normal, sin pausas.[17] En otras palabras ¡se les olvida respirar! por lo que deben ser controlados de forma continua (algo inesperado y desconocido para nosotros). El monitor cardiorrespiratorio emite una alarma cuando el bebé no respira durante una cantidad establecida de segundos. A veces, el pequeño respira de nuevo por sí mismo, pero si no lo hace en un plazo breve, necesitará ayuda como que la enfermera frote su espalda, brazos o piernitas, un estímulo que resulta suficiente para la mayoría de casos.

Hubo días en los que Fabián no tuvo un solo episodio de bradicardia. Otros días le contamos diez o más. Con el tiempo aprendimos a controlar nuestra ansiedad, pero siempre sentimos los episodios interminables y mientras el ritmo cardíaco de Fabián se mantenía bajo, el nuestro se aceleraba.

Cuando llevábamos varios días en el hospital comprendí lo sucedido en el avión ambulancia. Entendí que la flema había provocado una baja en la saturación de oxígeno de Fabián, lo suficientemente baja para detonar la alarma, pero suficientemente alta para mantener la situación en control. A los días de haber vivido esta experiencia durante el vuelo (que para mí fue eterna), yo seguía haciendo preguntas desesperadas a los médicos sobre el posible impacto que podía haber tenido en el desarrollo de nuestro bebé. Detuve mi lluvia de cuestionamientos hasta que un empático doctor me tranquilizó: "No te preocupes, Fabián todavía podrá asistir a Harvard". Y pude volver a dormir tranquilo cuando los exámenes de finales de diciembre confirmaron su buen estado de salud.

Además de vigilar los monitores de Fabián, Stefanie veía por las tardes series de Netflix en su teléfono, mientras yo cumplía con obligaciones de trabajo de forma remota, hasta que llegaba la hora de irnos. Algunas veces salíamos del hospital a las siete de la noche, con el cambio de turno de enfermeras. Otras veces abandonamos la sala pasadas las nueve, incluso a la medianoche, con tal de pasar más tiempo con Fabián. Nunca dejamos de persignarle, rezarle y rociar en su incubadora el agua bendita que familiares y amigos nos llevaron a San Petersburgo.

Después de registrar nuestro egreso como visitantes del hospital nos dirigíamos de regreso al parqueo. Conducía de vuelta los doce minutos y llegábamos al apartamento, preparábamos una cena ligera y nos íbamos a dormir para estar listos para el nuevo día que nos esperaba.

Repetimos la rutina múltiples veces, hasta que llegó el día en que Luis Andrés y Ana Belén salieron de vacaciones. Viajé a Guatemala para recogerlos y aproveché para tener unas sesiones de trabajo y atender asuntos complicados de manejar a distancia. Además de ver a mis hijos, me sentía entusiasmado por la inauguración del nuevo Centro de Servicios Compartidos de la empresa. Fue un proyecto que preparamos durante varios años con un equipo admirable de amigos-colegas que aprecio mucho. Representaba mucho para mí y quería estar presente en la apertura. Tuve la fortuna de pronunciar unas palabras ante los colaboradores e invitados durante la ceremonia de inauguración. Mi gran sorpresa fue descubrir que quien bendijo las instalaciones era el carismático sacerdote que nos acompañó en el nacimiento de Thiago y de Fabián.

A Stefanie nunca le hizo falta compañía mientras yo estuve en Guatemala. Recibió la visita de su hermana, dos de sus mejores amigas y una pareja de amigos muy cercanos. También la acompañaron mi primo y su esposa, quienes viven en Miami. Me daba mucha tranquilidad saber que Stefanie estaba rodeada de personas que nos aprecian y me emocionaba mucho que conocieran a Fabián.

Estábamos entusiasmados por llevar a los niños a San Petersburgo que, evidentemente, solo habían podido conocer a su hermanito en fotos. Pero también nos atemorizaba tenerlos en un ambiente de hospital mientras debíamos estar pendientes de Fabián, quien aún requería mucha atención nuestra y del personal médico.

Hicimos todo lo posible por llevar a Estados Unidos a una niñera de confianza para que nos ayudara a cuidar a Luis Andrés y Ana Belén. Lamentablemente le denegaron la visa. Fue un golpe duro, especialmente para mí, debo admitirlo.

No podía imaginar cómo atendería mis responsabilidades profesionales. Sin la opción de llevar a la niñera me sentí angustiado. Pero en pocos días entendí que las cosas pasan por algo y reconecté con el significado de la sincronicidad.

El inicio de la nueva experiencia fue marcado por el instante en el que Luis Andrés y Ana Belén conocieron a Fabián. Fue un verdadero momento perfecto que aún me conmueve profundamente. "Nada como la familia completa" me comentó un buen amigo cuando le compartí la foto de aquella escena y esa sería la frase que anotaría en mi bitácora del día, como el agradecimiento número 345, del sábado 10 de diciembre de 2016. Así fue el comienzo de una nueva aventura con nuestros hijos y el inicio de una poderosa lección como padre.

Con los niños en casa, Stefanie y yo nos dividimos en turnos. Cada mañana íbamos los cuatro al hospital a ver a Fabián y permanecíamos reunidos durante un rato. Pero el ambiente del hospital no era el lugar en el que queríamos que Luis Andrés y Ana Belén pasaran sus vacaciones, así que nos organizamos para que no permanecieran ahí jornadas largas. Yo trabajaba en el cuarto del hospital por la mañana, en espera de las rondas de los médicos, mientras Stefanie llevaba a los niños a dar una vuelta. Almorzábamos juntos y en la tarde me tocaba a mí llevar a los niños de paseo y Stefanie se quedaba con Fabián.

Nunca había pasado tanto tiempo a solas con mis dos hijos ni con tanta frecuencia. Asumí tareas de padre que no había ejercido antes. La inolvidable lección comenzó cuando me percaté de ello.

Semanas después llegaron mis padres con mis hermanas y sobrinos y nos dieron el mejor regalo de Navidad que una familia puede obsequiar en tiempos difíciles: tiempo y compañía. Para Luis Andrés y Ana Belén fue maravilloso pasar las vacaciones con sus primos.

No necesité ayuda para encontrar un apartamento en el que cupiera todo mi clan. Ya conocía bien la ciudad, los precios y las condiciones de las opciones de alquiler y me decanté por lo práctico. Alquilé una casa por medio de la plataforma Airbnb. Ahí pasaríamos la Nochebuena.

Fue una Navidad muy diferente a la que estábamos acostumbrados, pero al decir diferente no significa que haya estado mal, al contrario. Fue una celebración espiritual especial, cargada de reflexión, tiempo en familia y acercamiento a nuestra fe. Momentos de gratitud en su expresión más pura y sincera. ¡Como debe ser la Navidad!

No hubo convivios ni reuniones previas con nuestros amigos de infancia y de trabajo. Claro que nos hicieron falta, pero a veces el sacrificio —voluntario o forzado— es lo que se necesita para obtener algo profundo y transformador. Ese fue el impacto que tuvo esa Navidad en mí, en nosotros. Fue una celebración sencilla, pero la que más me ha hecho sentir la presencia de Dios, de la familia y del amor que llena nuestro hogar. Me tomó cuatro décadas darme cuenta. Esa noche (o madrugada), a pocos días de finalizar mi proyecto, escribí en mi diario:

Agradecimiento 360
Domingo 25 de diciembre de 2016
Una Navidad muy sencilla, fuera de lo "acostumbrado", pero cargada de emociones y buenas reflexiones. Posiblemente mi mejor Navidad.

El 28 de diciembre despedimos a mis padres, hermanas y sobrinos y recibimos a mis suegros —mis otros padres— y pasamos días muy especiales alrededor del cuidado de Fabián y de las vacaciones de Luis Andrés y Ana Belén. Después de todo no queríamos que nuestros pequeños hijos se quedaran con un mal recuerdo de San Petersburgo. Mis suegros jugaron un papel fundamental en esa misión.

Todos los días fueron diferentes y, particularmente, entretenidos para Luis Andrés y Ana Belén. Para Stefanie y para mí siguieron siendo rutinarios, pero la compañía de la familia hizo que se pasaran volando. Continuó la mejoría de los signos vitales y métricas de Fabián, de los cuales ya éramos expertos. La mejor motivación para hacer frente a cada día fueron sus pequeños pero sólidos y constantes avances.

Nos reubicaron en una habitación más alejada de la sala central de la unidad de cuidado intensivo neonatal, lo cual era una excelente señal. Mientras más lejos estuviéramos, significaba que Fabián corría menos peligro, aunque siempre había momentos de tensión y tristeza. Nos partía el corazón ver a los bebés de las salas vecinas pasar por duras pruebas y al menos en una ocasión el cielo recibió a un nuevo angelito.

* * *

Recibimos al año nuevo con la presencia de mis suegros y unos buenos amigos de ellos y, por lo tanto, nuestros. Pasamos la noche en un parque al aire libre de San Petersburgo con luces en todos los árboles y música en vivo de una banda local que hizo bailar a Ana Belén y Luis Andrés al ritmo del *beach rock*. Fue un festejo sencillo pero invaluable y para mí lo fue más porque celebré la clausura de mi proyecto. Los 365 días de gratitud habían concluido.

Una buena parte de mi carrera profesional ha sido desarrollada alrededor de proyectos. Dirigirlos está en mi ADN, especialmente aquellos que son de carácter transformador para una organización. Pero ¿cuál es la diferencia entre un proyecto de cambio versus un proyecto transformador? Un cambio puede implicar una mejora, eficiencia u optimización; desde algo marginal hasta algo muy grande. La transformación implica algo más: requiere un cambio de mentalidad, de hábitos y de la forma de ver las cosas. En otras palabras, demanda un cambio de actitud.

Mi proyecto de 365 días de gratitud fue claramente un proyecto transformador. Profundizó mi consciencia de mí mismo. Modificó mi forma de entender mi entorno y me generó hábitos que me permitieron apreciar más a mis hijos, mi esposa, mi familia, mis amigos y, en particular, la vida.

En su obra *The Power of Habit* (El poder del hábito), Charles Duhigg explica que algunos hábitos son más importantes que otros, ya que pueden iniciar procesos y comportamientos que eventualmente influyen en diversas esferas de la vida. Los llama *keystone habits* (hábitos clave) y expone que escoger los correctos puede provocar cambios extraordinarios. En esa línea, descubrí que llevar un diario de gratitud puede convertirse en un hábito clave, uno transformador con el poder de conducirme a una vida más placentera. Y con ese aprendizaje encima, despedí el año que tanto me había dejado y que tanto se había llevado.

Poco después de la medianoche, ya en el primer día de 2017 y acostado sobre mi cama, recordé que exactamente un año atrás estaba en la playa de Monterrico viendo y escuchando los juegos pirotécnicos con mi familia. Thiago crecía en el vientre de Stefanie y la idea espontánea e impulsiva de iniciar un diario de gratitud se implantaba en mi cabeza. Ya había pasado un año desde entonces. Era hora de poner un punto final.

Terminar lo que uno inicia se siente muy bien, particularmente cuando hubo grandes desafíos y lecciones en el camino. Yo nunca me había sentido tan orgulloso de clausurar un ciclo. Jamás imaginé que, después de dirigir múltiples y grandes proyectos en mi carrera profesional, el de más aprendizaje e impacto sería uno personal.

Tomé mi iPhone y con mis dedos temblorosos rematé en el bloc de notas:

Agradecimiento final
Sábado 31 de diciembre de 2016
Haber tenido la oportunidad de dar gracias 365 veces.

Con ese último agradecimiento cerré un capítulo importante en mi vida.

* * *

Llegó el 4 de enero, el día de mi cumpleaños número 39, y fue una fecha igual de memorable que la Navidad y el Año Nuevo. Y así lo quería yo. Ante mis hijos, Stefanie y sus padres agradecí otro año de vida, felicidad y salud. Especialmente agradecí la salud que poco a poco ganaba Fabián.

Recordé que el dueño de la casa que alquilamos para la estadía de mis padres también rentaba una lancha para recorrer la bahía. Lo contacté y pregunté si, pese a la solicitud de último momento, nos podía dar un paseo por la costa de San Petersburgo para celebrar mi cumpleaños viendo el atardecer. Conmovido por nuestra historia y nuestra situación, la cual recordaba muy bien, aceptó nuestra petición a un módico precio. Tuve uno de mis mejores cumpleaños. Ante el espectacular atardecer observamos cómo se encendían, poco a poco, las luces de la ciudad mientras caía la noche.

Mi 2017 comenzó muy bien, pero debo admitir que extrañaba la rutina de escribir un agradecimiento antes de cerrar el día. Muchas veces pensé que debía continuar mi bitácora. Sin embargo, me di cuenta de que ya había generado el hábito de reconocer los momentos perfectos en los días ordinarios y agradecer por ellos. Esa costumbre se convirtió en una fuente permanente de positivismo, uno de los principios que ya había dejado de practicar y que las experiencias vividas me hicieron desempolvar. Ya contaba con una actitud de gratitud.

Viajé por unos días a Guatemala para atender asuntos del trabajo y devolver a casa a Luis Andrés y Ana Belén, quienes debían reanudar clases. Se habían perdido algunos días, pero sus profesoras se mostraron bastante comprensivas con la situación familiar que atravesábamos. Mientras yo no estaba en San Petersburgo, mi suegra, mi mamá, mis hermanas y algunas amigas de Stefanie estuvieron con ella. Así fue cada vez que tuve que viajar.

Yo regresaba con frecuencia a Guatemala para visitar a nuestros hijos y hacer trabajo presencial. Perdí la cuenta de cuántas personas, amigos y colegas estuvieron pendientes de nosotros y se aseguraron de que no nos faltara nada, incluido su apoyo y cariño.

Los días continuaron con sus particularidades y rutinas. Seguimos aprendiendo de los asuntos médicos y técnicos de la evolución de un bebé prematuro. Aunque había algunas métricas que no avanzaban al ritmo ideal, poco a poco conseguíamos alcanzar más indicadores de la lista que debía cumplirse para que dieran de alta a Fabián.

Nuestro bebé llevaba varias semanas fuera de la incubadora, asimilaba bien la leche materna, ya no tenía asistencia respiratoria y continuaba creciendo. Pero las bradicardias continuaban con alguna frecuencia. Debíamos tener paciencia. Así nos lo decían los doctores.

Otro aspecto que debía mejorar era su dependencia de la máquina que lo alimentaba. Fabián ingería la leche de Stefanie por medio de la sonda que atravesaba su nariz y llegaba hasta su estómago. Una máquina comprimía una gran jeringa llena del líquido para expulsarlo lenta y constantemente a través del tubo.

Los médicos intentaron que Fabián se alimentara por cuenta propia, pero comenzó a perder peso y volvieron a conectarlo a la sonda. Fue frustrante el retroceso, pero una semana después, en un segundo intento, nuestro luchador logró beber leche directamente del pecho de su madre y de los biberones.

Los días se nos hacían largos y lentos sin Luis Andrés y Ana Belén. Algunas mañanas o tardes yo me quedaba en el apartamento para atender responsabilidades del trabajo. Mi esposa, en cambio, iba todos los días al hospital. Mis días eran un poco más dinámicos que los de Stefanie, quien siempre mantuvo la paciencia y dedicación para hacerle saber a Fabián que luchaba junto a él.

* * *

Llegó febrero. De nuevo me encontraba en Guatemala durante otra visita corta para supervisar asuntos del hogar y laborales. Un lunes por la mañana estaba en la oficina y recibí un sorpresivo e inesperado mensaje de Stefanie. De aquellos que te iluminan el día y se vuelven imborrables. Era una foto de Stefanie cargando a Fabián con un texto sobrepuesto que decía: "*Got discharged. We're coming home!*" (Nos han dado de alta, iremos a casa). ¡Por fin podríamos traer a Fabián a casa! De inmediato cambié mis planes y esa misma noche estaba en San Petersburgo.

Recoger a Fabián en el hospital fue muy emotivo. Sentíamos una alegría inmensa porque lo llevaríamos al hogar, pero también sentíamos temor por comenzar a cuidarlo de forma independiente, fuera del hospital y sin monitores.

Fabián recibió el alta el ocho de febrero. Inspirado por el destino y con el corazón hinchado de regocijo, esa noche escribí en mis redes sociales un mensaje que expresaba nuestro sentimiento hacia Fabián. Lo escribí dedicado a él, como si pudiera leerlo y entenderlo. Cuando sea adolescente se lo mostraré y le contaré lo orgullosos que estamos de él y de su lucha victoriosa de 77 días. El mensaje decía:

De acuerdo con tu último ultrasonido, ¡se suponía que nacerías hoy! Llegaste mucho antes de lo esperado, pero más fuerte de lo que imaginamos. Hoy, después de 77 días en la UCI, ¡comenzamos un viaje para llevarte a casa! Confiamos en tu disposición a seguir afrontando todos los desafíos y prosperar en esta hermosa vida. Sí, decidiste nacer muy temprano...fuera de tu zona de confort. ¡Pero hijo, las cosas más grandiosas en la vida suceden fuera de esos límites! ¡Y eres una prueba genuina de eso! Orgullosos de ti, mamá y papá.

Llevamos a Fabián al tercer apartamento que alquilamos desde que llegamos a San Petersburgo. Los médicos querían que regresáramos al hospital tres días después para un chequeo rutinario y garantizarnos la estabilidad del bebé.

Como era de esperarse, esas primeras noches fuera del hospital las pasamos en vela. Estábamos acostumbrados a tener a Fabián monitoreado las veinticuatro horas con tecnología de punta. Stefanie y yo asumimos ese rol de forma manual y aunque estábamos muy nerviosos fue más fácil de lo que imaginábamos. Nos adaptamos rápido y disfrutamos el cuidado de nuestro hijo. Con Fabián sano y fuera del hospital nos sentíamos bendecidos.

Después del chequeo médico teníamos la última misión en San Petersburgo: despedirnos de todos los que cuidaron y ayudaron a Fabián en su lucha. Agradecimos a los médicos y enfermeras que le dieron un cuidado personalizado y dejamos de último a los paramédicos que lo transportaron en la ambulancia aérea. No solo queríamos darles las gracias, también queríamos que vieran cuánto había crecido el valiente luchador que ingresaron a la cápsula espacial y atendieron durante el vuelo hacia Estados Unidos. Fue mi despedida más emotiva. Recordé los momentos de tensión y angustia que pasé durante el vuelo y la calma que ambos me infundieron. También gracias a ellos Fabián está vivo.

Así fueron las últimas horas en San Petersburgo: una historia con final feliz.

Partimos por tierra hacia Miami donde devolvimos a mis tíos la camioneta que amablemente nos prestaron para movilizarnos durante nuestra estadía en Estados Unidos y tomamos el vuelo que nos regresó a casa. Viajamos con ocho maletas y tres hieleras de duroport con leche de Stefanie envuelta con hielo seco. Era tanto el equipaje que al llegar a casa nos dimos cuenta de que habíamos extraviado una maleta. Apareció después, pero en realidad no nos importó. Lo importante estaba con nosotros: el pequeño gran luchador sano.

Llegamos a casa el domingo 12 de febrero de 2017. Era mediodía y nos esperaba toda familia, con un gran letrero que decía: "¡Bienvenido Fabián!"

El Día de Acción de Gracias había durado casi tres meses: desde que llegamos al hospital en San Petersburgo hasta que regresamos a casa, con Fabián tan fuerte y sonriente como estaba destinado a ser.

¡Feliz día de Acción de Gracias!

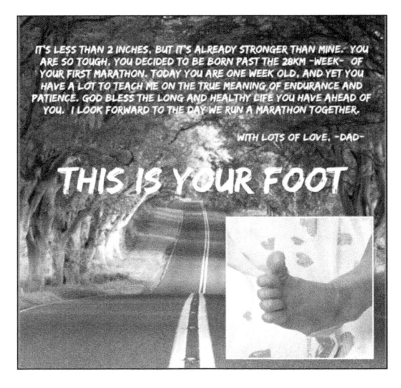

El piecito de Fabián y el mensaje que escribí en Instagram a los pocos días de su nacimiento.

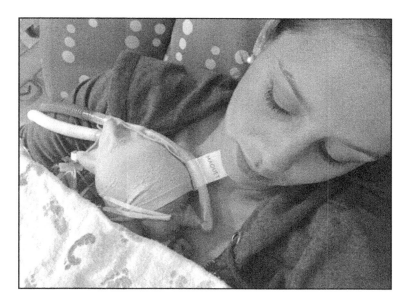

La primera vez que Fabián experimentó el método canguro.

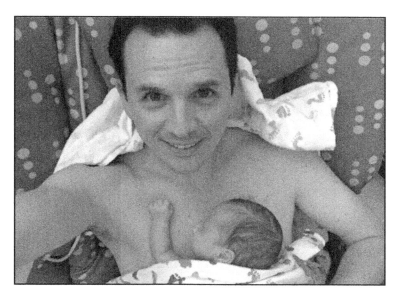

Papá y bebé canguro. Un mes después del nacimiento de Fabián.

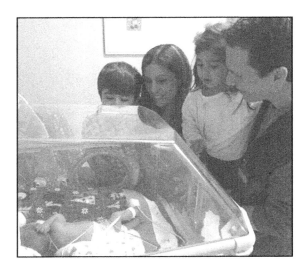

El día que Luis Andrés y Ana Belén conocieron a Fabián.

La foto con la que Stefanie me dio la gran noticia por WhatsApp: Fabián estaba listo para viajar a casa.

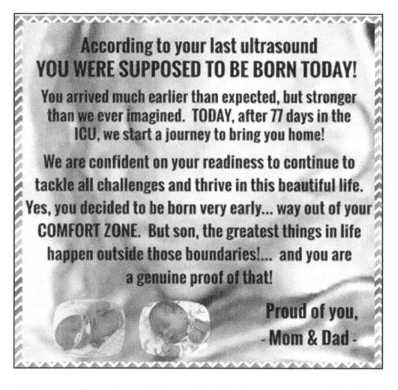

Mi post en las redes sociales con el cual avisamos a nuestra familia y amigos que Fabián estaría pronto en casa.

CAPÍTULO 5

¿Soy un buen papá?

> Mi tiempo a solas con los niños fue una colección de estampas familiares y lecciones. Algunas fueron inmediatas y otras, de cocción lenta. Pero todas sumaron a nuestra bolsa de buenos recuerdos y me ayudaron a entender mejor la pregunta del millón: ¿Soy un buen papá?

Un pesimista ve la dificultad en cada oportunidad; un optimista ve una oportunidad en cada dificultad.

—Winston Churchill

¿Qué implica ser un buen padre? ¿Llegar a casa temprano todos los días? ¿Ser amigo de tus hijos? ¿Jugar con ellos frecuentemente? Honestamente, nunca me había preguntado si soy un buen papá. Fue hasta que pasé mucho tiempo a solas con los niños que me lo cuestioné y, para ser sincero, aún no sé la respuesta correcta. No sé si en realidad la hay.

Definitivamente no hay una fórmula, pero de lo que estoy seguro es que cada vez entiendo mejor la pregunta, especialmente porque estoy más consciente de ella y de cómo mis acciones me definen como un buen (o mal) papá.

La determinación de ser un buen padre no la definen solo nuestros actos, sino también nuestros hábitos y las decisiones que a menudo tomamos inconscientemente y tienen un impacto metafísico en nuestro camino. Aunque no te des cuenta, tus hijos observan permanentemente tus hábitos. Se dan cuenta de tus decisiones, por pequeñas que sean, particularmente aquellas que tomas en momentos de desafío.

Clayton Christensen en su obra *How Will You Measure Your Life?* (¿Cómo medirás tu vida?) define esas elecciones como las decisiones marginales. Determinaciones que parecen insignificantes y de poca relevancia, pero que al sumarlas, en el largo plazo, tienen un efecto trascendental.

Christensen argumenta que la estrategia de nuestras vidas está determinada por la forma en que distribuimos nuestro tiempo, talento y energía, tres recursos preciosos. Es tentador dedicar estos elementos desproporcionadamente y dar prioridad a aquellas cosas que dan resultados visibles en un corto o mediano plazo, como la promoción en tu trabajo. Pero las cosas que realmente importan en la vida requieren un esfuerzo consistente, de largo plazo, que no dará frutos sino hasta varios años después ¡o décadas! Un ejemplo de ello es criar a tus hijos. Sabrás si realmente hiciste un buen trabajo hasta que ellos sean independientes y reflejen en sus vidas los valores que les inculcaste desde pequeños.

Definitivamente no soy un padre que llega todos los días temprano a casa a jugar con sus hijos. La mayoría de veces que regreso del trabajo, ellos ya están dormidos o tan cansados que nuestra interacción es limitada. ¿Esto me hace un mal padre? Estoy plenamente consciente de que jamás recuperaré ni un minuto transcurrido. Cada instante que dedico al trabajo o a algo más es uno menos que puedo dar a mi familia. Pero ¿cómo es nuestro intercambio los fines de semana? ¿Estoy plenamente "presente" cuando estoy con ellos? ¿Con qué talento y nivel de energía les dedico ese tiempo limitado? Me comencé a hacer estas preguntas después de compartir mucho tiempo a solas con ellos y llegar a un momento de reflexión. Y entendí que hacerte las preguntas duras a ti mismo y retar a tu propio *status quo* es suficiente para iniciar un cambio.

Pienso que uno de los componentes que definen a un buen papá es enseñar a sus hijos a ser felices y a gozar de esta vida maravillosa. Es necesario instruirlos desde temprano sobre los principios auténticos e importantes para la familia. Enseñarles la virtud de la gratitud y el poder del optimismo. Mostrarles que el aprendizaje es igual a crecimiento y el crecimiento es igual a felicidad.

También es importante hablarles sobre el valor de la laboriosidad para alcanzar sus metas y hacerles ver que, en la mayoría de casos, simplemente no existen los atajos. Y que hay que ser hambrientos por el reto y el aprendizaje.

El arte está en el "cómo" enseñar y no en el "qué". Hay que encontrar el lenguaje y el momento adecuado para adiestrar a los hijos sobre la vida, en códigos acordes a su edad. Y el código universal es el ejemplo.

Mi temor más grande es llegar a faltar cuando mis hijos aún estén pequeños y que no se acuerden de mí. No solo de nuestras memorias, aventuras y momentos alegres, sino de los valores que junto con Stefanie tratamos de inculcarles. Mediante nuestras acciones y hábitos diarios queremos enseñarles quiénes somos, en qué creemos, cómo reaccionamos y qué es importante para nosotros. Con el ejemplo también pretendemos enseñarles el valor de la felicidad, el de la gratitud y de sus frutos infinitos.

No puedo ser juez y parte para definir qué tan bueno es mi balance de vida y trabajo. Pero de algo estoy seguro: amo a mis hijos con todo mi corazón, doy el mundo por ellos y son mi razón de ser y de nuestro matrimonio. Y estoy convencido de que empleo plenamente mi talento y energía para educarlos lo mejor posible.

Hay un discurso relativamente reciente y muy inspirador que circuló en las redes sociales. Ilustra claramente algunos de mis pensamientos. Es el que Rick Rigsby impartió a una promoción de graduandos y que llamó: *The wisdom of a third grade dropout* (La sabiduría de un alumno desertor de tercer grado). Rick, un conocido conferencista internacional, contó a los estudiantes sobre la sabiduría que le heredó su padre, un cocinero que solo estudió hasta tercero primaria, pero se educó a sí mismo y nunca dejó de aprender. Durante los diez minutos que dura su discurso, Rick expone con humor lo mucho que un padre puede influir en su hijo para que desarrolle todo su potencial. Habla de los hábitos y la disciplina y cita a Aristóteles para recalcar que "somos lo que hacemos repetidamente" porque la excelencia no es un acto, es un hábito. También cita una profunda reflexión de Miguel Ángel sobre aspirar a metas altas: "Nuestro peligro más grande no está en apuntar muy alto y quedarse corto, sino en apuntar muy bajo y alcanzar la meta". La charla concluye con la afirmación de que la sabiduría llegará a nosotros de las fuentes más peculiares e inesperadas.[18]

Precisamente esto último fue lo que nos sucedió a nosotros. Una dosis de sabiduría nos llegó de una fuente muy peculiar e inesperada: Thiago, nuestro hijo ángel que convivió con nosotros apenas unas horas y nos llevó a emprender un camino que nos llevó a un valioso aprendizaje.

¿Cuál es mi conclusión de este fenomenal discurso de Rick Rigsby y por qué lo traigo a colación? Lo que hacemos repetida y constantemente lo observan y aprenden nuestros hijos. Si te pones metas altas y desafiantes, que te cuestan y que luchas por ellas a pesar de los obstáculos, tus hijos se darán cuenta, aunque sean pequeños. Desde temprana edad aprenden de sus padres. Si tienes buenos hábitos, tus hijos los absorben. Si eres positivo, aprenden a valorar el optimismo. Si eres agradecido, les enseñas el poder automotivacional de la gratitud y su efecto multiplicador en quienes te rodean.

En *Chasing Daylight*, O'Kelly da una definición extraordinaria de lo que es un momento perfecto y que refiero múltiples veces en estas páginas. Después de todo, sentir la vibra de uno de esos instantes fue lo que me condujo a iniciar mi proyecto de 365 días de gratitud. De no haberlo emprendido, probablemente no estaría contando esta historia. Pero un momento perfecto me inspiró y se debió a que estaba totalmente consciente de que lo vivía y por eso lo pude apreciar.

Según O'Kelly, un momento perfecto no es planificado, aunque sí se pueden propiciar las circunstancias para que suceda. Por ejemplo, puedes provocar el momento si llevas a tu esposa a cenar, invitas a un viejo amigo a un café o vas con tus hijos al parque. Entonces, espontáneamente, pasa algo tan especial y profundo, durante un instante, que lo sientes. Lo sientes de verdad.

La clave para experimentar un momento perfecto radica en estar consciente y aprender a identificar cuando vibra tu ser. Ese estado profundo de gozo en el que haces una pausa, tomas una imagen mental y la guardas en tu bolsón de los buenos recuerdos se llama momento perfecto. El autor de *Chasing Daylight* explica que cuando lo vives es tal tu conexión que sientes tu propia respiración o el latido de tu corazón. Eres capaz de admirar la belleza del rostro de tus hijos o de tu esposa. O la autenticidad en la conexión con tus familiares y amigos. Aprecias el color del cielo, el ritmo de la música que suena o las risas de quienes te rodean.

Los momentos perfectos suelen ser un asunto de actitud. Se pueden dar aun cuando las cosas salen mal o radicalmente distintas a lo que esperabas. Pueden suceder cuando la lluvia estropeó el día soleado, pero lo convirtió en una aventura inolvidable. La serendipia, el hallazgo de algo valioso que se produce de manera accidental, es lo que lo convierte en un instante mágico. Lo que no planificaste o menos esperabas, aunque sea "malo" es lo que ilumina tu día. Lo importante es que estés atento para reconocer la perfección del momento y que elijas reaccionar de forma positiva, tal y como lo refleja mi diario. Gratitud por el momento. Por estar presente. Esa es la clave. Mi bitácora de agradecimientos me elevó a esta consciencia.

* * *

Yo tuve una gran oportunidad durante mi estancia en San Petersburgo. Pasé mucho tiempo a solas con los niños: solo ellos y yo.

Cuando no pudimos obtener la visa para la niñera de nuestra confianza que pretendíamos llevar con nosotros a Estados Unidos, padecí ansiedad porque no tendría ayuda para cuidar a Luis Andrés y Ana Belén durante el día, especialmente porque tenía obligaciones profesionales que atender en mi horario laboral remoto. Poco a poco entendería el propósito de esa circunstancia.

San Petersburgo es una ciudad acogedora y ofrece escenarios estupendos para pasar tiempo de calidad. Es pacífica, sin mucho ruido y con varias particularidades. Una de ellas es que se encuentra a pocos minutos de una de las playas más espectaculares de Estados Unidos. Nunca nadie me lo dijo y tampoco lo he leído. Lo constaté. San

Petersburgo tiene casi el año completo de sol. Debido a su buen clima y su costo de vida accesible, es un destino popular de retiro y de vacaciones.

Al menos cuatro veces fui a la playa con los niños a ver el atardecer. Y cada día fue una aventura distinta. La primera vez fue una caída del sol descaradamente saboteada por una neblina que se instaló justo antes de poner un pie en la arena. Me sentía frustrado cuando me bajé del carro y me percaté de que no podríamos apreciar el atardecer. Para mi sorpresa, la misma neblina y el estar en una playa sin poder ver nada a pocos metros de distancia fue una experiencia asombrosa para los niños. ¡Estaban felices! Jugaron en la arena casi hasta los últimos rayos de luz.

Otras veces gozamos el atardecer que anhelamos los adultos: el sol grande y naranja como una bola de fuego que cae despacio y está rodeado de nubes que cambian de forma y hacen la escena irrepetible. En una ocasión vimos una pareja de delfines a pocos metros de la orilla y otra tarde tuvimos la visita de unas gaviotas curiosas. Algunas veces yo estaba totalmente enterrado en la arena y otras veces, con mis manos libres para poder tomar fotos con el teléfono. Solo había una constante: los niños estaban genuinamente felices, compartían tiempo con su papá y llenaban su bolsón mental con gratas memorias.

En esos irrepetibles días a solas con mis hijos fuimos al centro de la ciudad a comer helado, al cine y a competir en los videojuegos. Reté a Luis Andrés en el *hockey* de mesa, saludamos a un Santa Claus en un parque y dimos un paseo en una carreta jalada por un lindo caballo. Le había vendido tantas veces la idea a Ana Belén de que daríamos una vuelta en la "carroza de Cenicienta" que fue inútil echarme atrás cuando supe el precio. Inicialmente me negué a pagar la vuelta, pero el llanto desconsolado de Ana Belén me hizo cambiar de opinión. Su sonrisa valió cada uno de los 65 dólares.

Varias veces fuimos a Chuck E. Cheese's. Algunas veces los llevé yo, otras fueron con Stefanie. Lamentablemente nunca pudimos ir los cuatro juntos, pero cada visita a este *"Vegas for Kids"* fue una sudorosa aventura. Hay que estar ahí y tener hijos con dientes de leche para entender por qué resultan tan fascinantes los juegos de esta pizzería que dejan a la familia entera extenuada y empapada como si hubiera corrido una maratón.

La pasamos muy bien, pero no puedo negar que tuve ratos de estrés en los que me sentí incapaz de mantener el control. En una ocasión, mientras conducía la camioneta después de una jornada de mandados, di a Luis Andrés y Ana Belén el grito más fuerte que he dado. No paraban de molestar y sus quejas sonaban cada vez más agudas en mi oído. Su desesperación era tan evidente como la mía, hasta que exploté. Se quedaron quietos el resto del camino, pero yo me sentí mal y culpable al ver sus caritas pálidas del susto y sus quejas convertidas en llanto. Ese día no fui el papá que quiero que mis hijos recuerden.

Pero también acumulamos anécdotas memorables y divertidas. Una tarde accedí a las insistencias de Luis Andrés y Ana Belén de que permaneciéramos en la playa a pesar de que quedaba poca luz del día. Esperé al último momento para regresar al carro y en el camino mi hija de tres años tuvo la urgencia de ir al baño. Había uno frente al estacionamiento de la playa, pero al ingresar nos dimos cuenta de que no tenía luz. Y mi iPhone se había quedado sin batería. Tuvimos que entrar los tres al baño público y desconocido en total oscuridad, tratando de adivinar el camino y la ubicación de la taza. Con un brazo cargaba a Ana Belén y con la mano libre sujetaba a Luis Andrés. Definitivamente no la estaba pasando bien y mi estrés contagió a mis hijos de miedo y eso se tradujo en ansiedad. Finalmente, estallamos en risas y el momento se convirtió en una mini aventura.

Uno de mis episodios favoritos sucedió en el cine cuando fuimos a ver *Moana*, una película de Disney que recién se estrenaba. Al salir de la sala nos topamos con un *photo booth* y sin que los niños lo pidieran los jalé para capturar nuestro momento feliz. La peculiaridad de la cabina de fotos era que mientras captaba las imágenes, con segundos de distancia entre una y otra, también grababa video. Hice el descubrimiento cuando finalizaron los "flashazos" y la pantalla táctil solicitó mi correo electrónico al que me envió un pequeño video. Imposible verlo sin reír. En las prisas de posar para las fotos con diferentes caras divertidas y muecas grotescas, mis hijos me dieron empujones y codazos que capturó la cámara y, especialmente, el momento en que Luis Andrés levantaba sus manos y su dedito fue directo a mi ojo. Me dolió por un día, pero a los niños les pareció un incidente fenomenal, la guinda del pastel. Se carcajeaban cada vez que miraban las fotos y el video. Se divirtieron tanto a costa mía que una vez, en otra cabina de fotos, Ana Belén quiso puyarme el ojo para reírse un rato.

Vivimos muchos días en que yo asumí labores que jamás había hecho en casa sin ayuda, como bañar y empijamar a mis hijos, ir al supermercado con ellos, preparar su cena y entender cuándo ya estaban cansados y cuándo simplemente se portaban mal. Siempre tuve presente que aunque nuestro hijo luchaba por su vida en el hospital, para nuestros otros dos hijos esas semanas eran sus vacaciones y tenían derecho a disfrutarlas.

Aprendí mucho sobre Luis Andrés y Ana Belén en ese tiempo. Me sorprendió descubrir lo mucho que se quieren a pesar de que pelean a menudo, como todos los hermanos. Sentí infinita ternura al verlos inmersos en sus juegos de fantasía y en busca de las formas más creativas de entretenerse. También entendí más a Stefanie y a todas las mamás que día y noche están pendientes de sus hijos sin tregua. Más que nunca las admiro mucho.

Siento que nuestra experiencia en San Petersburgo me hizo apreciar más el regalo de ser padre. Me quitó una venda de los ojos sobre el trabajo laborioso que realizan las madres para criar y cuidar a los pequeños y me hizo más sensible al precioso valor de estar con ellos, verlos crecer y cosechar a su lado momentos perfectos. Creo firmemente que compartir con ellos esos instantes me hizo un mejor padre a través de lecciones ocultas.

Aprendí a estar consciente de cada experiencia con mis hijos y a reconocer en ellas el momento perfecto. Cada vez lo hacía mejor, me volví un experto. Varias veces reflexioné sobre mi realidad y me di cuenta de que pasaba muy poco tiempo a solas con Luis Andrés y Ana Belén y que cuando estábamos juntos, muchas veces no estaba totalmente presente. Tuve sentimientos de culpa, pero abrí los ojos. Nunca es demasiado tarde para buscar un cambio.

Ahora aprovecho cada minuto con Luis Andrés, Ana Belén y Fabián. Esto no necesariamente supone llegar más temprano a casa entre semana para estar con ellos (aunque sinceramente me esfuerzo más por hacerlo). Me refiero a que cuando estoy con ellos estoy presente y lo disfruto. Y si genuinamente la paso bien, ¡ellos disfrutan más!

Hoy soy más afectuoso con mis hijos. Cuando se quedan dormidos en nuestra recámara disfruto cada paso que doy mientras los llevo cargados a sus habitaciones. Los dejo en su cama con besos en sus frentes y mejillas. Soy consciente de que el tiempo pasa rápido, crecerán y serán adolescentes con independencia. La forma en que nos demos afecto evolucionará y será positivo, pero ya no los podré llevar en mis brazos a su cama. Así que vivo esos momentos perfectos con una inmensa gratitud.

Creo que nuestra tarea como padres no solo debe ser guiar a nuestros hijos y enseñarles valores. También consiste en ayudarlos a llenar sus bolsas de memorias que despierten en ellos sentimientos positivos para que los recuerden en el futuro y los utilicen en su beneficio.

Ser un buen papá no es simplemente ser un buen amigo de los hijos. Así me lo dijo más de alguna vez mi mentor, hace varios años. Amigos tendrán muchos; papá, solo uno. Ser un buen padre implica enseñarles a gozar la vida, practicar la gratitud y entender lo que es la felicidad. Enseñarles a fijarse retos desafiantes y disfrutar el camino, no solo el destino. Ser un buen papá es enseñarles con el ejemplo y la disciplina y a desarrollar buenos hábitos para llevar una vida balanceada e inmersa en propósito y pasión.

Mi tiempo a solas con los niños fue una colección de estampas familiares y lecciones. Algunas fueron inmediatas y otras, de cocción lenta. Pero todas sumaron a nuestra bolsa de buenos recuerdos y me ayudaron a entender mejor la pregunta del millón: ¿Soy un buen papá? La verdad no lo sé. No soy yo quien debe responder la pregunta, serán mis hijos cuando tengan hijos. Pero si de algo estoy seguro es que todos los días trataré de ser un mejor padre.

Momentos perfectos en San Petersburgo: atardeceres en la playa con sol y con niebla.

En la cabina de fotos: un extracto del video justo cuando Luis Andrés me puya el ojo.

Un selfie con el caballo, momentos después de dar una vuelta en "la carroza de Cenicienta". ¡La sonrisa de Ana Belén vale oro!

CAPÍTULO 6

El jugo de la vida

> Ver todas las imágenes de un largo año que pasó volando generó unos "flashazos" que hilaron en mi mente una película. Un filme que comenzó con el nacimiento y partida de Thiago y que concluyó con la llegada a casa de Fabián, sano. Fue el rodaje de un drama familiar con un final feliz.

La felicidad de tu vida depende de la calidad de tus pensamientos.

—Marco Aurelio

Siempre había pensado que yo era alguien firme a mis valores personales, pero después de unos días de reflexión me di cuenta de que no tenía claro cuáles eran. ¿Cómo puedes saber si eres consecuente con tus principios si no puedes enlistarlos y definirlos? Este cuestionamiento aplica a nivel empresarial y, ante todo, personal.

Es lamentable que muchas empresas no tengan una definición clara y genuina de sus valores. Estos debieran correr en el torrente sanguíneo de sus colaboradores, así estarían más energizados, felices y comprometidos con la compañía. He tratado de hacer énfasis de esto en la clase de Dirección Estratégica de Negocios que imparto en una universidad. A menudo veo en mis alumnos un alto grado de escepticismo sobre la importancia de los valores en la estrategia de una organización. Pero es incluso más lamentable que a nivel individual no tengamos esa claridad sobre nuestros fundamentos. Hasta hace poco yo tampoco la tenía.

En un año aprendí mucho: de la vida, de la familia, de los amigos y de mí mismo. Hoy me conozco más. Fue un año intenso, con una serie de subidas y resbalones emocionales. Pero no se trata de contar cuántas veces nos caemos, sino de cuántas veces nos levantamos, más fuertes y con más aprendizajes encima.

Una de mis grandes lecciones fue darme cuenta de que en algún pasadizo dejé tirados los valores que me definían y caracterizaban. Ahora puedo enumerar los que redescubrí a lo largo de doce meses de reflexión. Los llamo "valores clave" y me refiero a aquellos que funcionan como una piedra angular y que desencadenan muchos otros. Estos son:

1. Gratitud
2. Espiritualidad
3. Propósito

Gratitud

Claramente debo iniciar con este tremendo valor. Después de todo, fue el que guio mi travesía desde la víspera de un año nuevo. La Real Academia Española define la gratitud como "el sentimiento que nos obliga a estimar el beneficio o favor que se nos ha hecho o ha querido hacer, y a corresponder a él de alguna manera".[19] Sin embargo, yo prefiero la definición más práctica: gratitud es la virtud de ser agradecido, de dar gracias por algo, independientemente de la circunstancia. ¿Por qué lo veo como un valor? porque es un estado de ánimo, un hábito y una práctica inconsciente, pero evidente.

Según una frase popular de David Steindl-Rast, el agradecimiento (y por ende la gratitud) es una medida de nuestra vitalidad. Steindl-Rast es un monje católico, cofundador del sitio greatfulness.org, una red que impulsa el movimiento de vivir agradecidos.[20] Hace unos años, el monje impartió un célebre discurso en el cual señala a la felicidad como una consecuencia del agradecimiento y expuso que una vida llena de gratitud permite ver cualquier momento como un regalo, una oportunidad.[21]

Probablemente la gratitud está relacionada con el optimismo. Pero no son lo mismo, son complementarios. Un optimista es alguien que tiende a ver el aspecto más positivo o favorable de las cosas. Yo soy un optimista. Por supuesto que de vez en cuando soy el pesimista del salón, pero generalmente tiendo a rescatar lo bueno de las circunstancias. Es mi volición, una elección personal. Buscar el enfoque positivo en todo es una actitud que requiere de una firme decisión y demanda entrenamiento para crear el hábito.

Ser optimista da bienestar, entusiasmo y energía. El emperador romano Marco Aurelio decía: "La felicidad de tu vida depende de la calidad de tus pensamientos". Y nuestros pensamientos, después de todo, son una elección. La calidad de los pensamientos positivos y optimistas es mejor.

A veces, la gratitud requiere de optimismo para poder manifestarse. Melody Beattie, una escritora y periodista estadounidense, dice: "La gratitud nos abre a la abundancia en la vida. Convierte lo que tenemos en suficiente y más. Convierte la negación en aceptación, el caos en orden, la confusión en claridad. Puede convertir una comida en un festín, una casa en un hogar, un extraño en un amigo".[22] En otras palabras, la gratitud puede tornar un evento simplemente bueno en algo extraordinario o un evento desfavorable en algo que fortalece y hace crecer. En ese punto es donde se convierte en una forma de vida. Un valor.

Hay que ser agradecido. Esto nos lo han enseñado a todos (o al menos casi a todos) desde que somos pequeños. Pero hasta que uno se topa con momentos desafiantes, la gratitud cobra verdadero significado y despierta el potencial del aprendizaje. Invoca la introspección. Es hasta que uno agradece conscientemente lo que tiene, que disfruta y reconoce lo especial y único del momento o de una serie de ellos. Los momentos perfectos.

Al iniciar el año y comenzar a documentar mi primer agradecimiento yo no tenía la mínima idea de lo que vendría. El verdadero aprendizaje comenzó a partir del primer reto: la primera prueba que me impondría la venida y partida de Thiago. ¿Por qué inicié este proyecto? Honestamente no lo sé. Fue una idea espontánea en el Año Nuevo. Simplemente inicié algo y me propuse terminarlo.

Documentar los agradecimientos diarios me hacía sentir bien y mejor. Cada día estaba más compenetrado y comprometido con el proyecto. Había jornadas que esperaba ansiosamente el momento en que estaba ya en la cama para documentar mi frase del día. Había veces que tenía dos o más cosas fabulosas por las cuales agradecer y debía decidirme por una, según mis propias reglas.

Mi "ritual" me generó una disciplina que eventualmente se convirtió en un hábito y finalmente se transformó en un valor. Fue así como mediante 365 frases, una cada día, cultivé la gratitud. Con esto me refiero a que hoy entiendo mejor su significado y el beneficio que tiene en nuestras vidas y en nuestra felicidad.

La gratitud fue la base de la travesía. Sobre ella construimos una historia que tuvo un final feliz y que trascendió en su principal personaje: Thiago.

Espiritualidad

A pesar de que me considero un fiel creyente del catolicismo, no me referiré aquí a la religión, sino a la espiritualidad desde un punto de vista de crecimiento personal, aunque claramente hay conexiones de mi vivencia de este valor con mi firme creencia en Dios.

Existen múltiples formas de definir a la espiritualidad, desde la perspectiva religiosa hasta aspectos científicos y culturales. Yo encontré una variedad de definiciones. Con la que más familiaricé es con la que da Christina M. Puchalski, profesora de medicina y directora del The George Washington Institute for Spirituality and Health (Instituto de Espiritualidad y Salud George Washington), en Estados Unidos. Espiritualidad, dice Puchalski, "es el aspecto de la humanidad que se refiere a la forma en que los individuos buscan y expresan el significado y propósito, y la forma en que experimentan su conexión con el momento, consigo mismos, con otros, con la naturaleza, lo significativo y lo sagrado".[23] Para entender esto hay que reconocer la diferencia entre religión (la forma en que creemos en un ser superior a nosotros) y espiritualidad. Una persona espiritual es aquella que está consciente y abierta al mundo y, consecuentemente, reconocerá con más lucidez las experiencias positivas.

Desde su partida, sentimos a Thiago muy cerca de nosotros, como un guardián. La sincronicidad mágica con la que nos envió una serie de mensajes, como la mariposa en la fotografía o el globo en la mejilla de mi esposa, potenció nuestra espiritualidad. Nos hizo más conscientes de nuestro alrededor y nos permitió entender la conexión entre acontecimientos de muchos años atrás y sucesos del pasado reciente, incluida la revelación de mi proyecto de 365 días de gratitud.

Me he preguntado cómo habría sido mi 2016 si no hubiera tenido ese propósito. O si ese 13 o 14 de enero hubiera decidido abandonarlo. ¿Estaría aquí escribiendo esta memoria? ¿Habría reconectado con mis valores? Simplemente no me lo quiero responder. Pero ¿será casualidad que justamente en el año que sería el más intenso de mi vida fue en el cual decidí emprender el proyecto? Nuevamente lo atribuyo a la sincronicidad, mi elección, producto de mi espiritualidad.

A los pocos meses de la partida de Thiago me entró una curiosidad enorme por el cielo, la vida en el más allá y los ángeles. En marzo de 2016 regresaba de un viaje de trabajo y mientras hacía tiempo en el aeropuerto, entré a una tienda de libros. A diferencia de lo que hubiera hecho años atrás, pasé indiferente frente a la sección de negocios y fui directo a la que en inglés le llaman *self help*. No me gusta llamar autoayuda a esa categoría de lectura. Debería llamarse *personal growth* o crecimiento personal, pero ese no es el punto de mi historia. Quiero contar que me topé con un libro llamado *Proof of Heaven* (Prueba del cielo), de Eben Alexander. El nombre me sonaba familiar. Creo que un tiempo atrás había leído en Facebook un comentario sobre su obra y dada mi sensibilidad por el tema, el título despertó mi atención. Lo llevé conmigo.

El libro cuenta una historia real contada por un prominente neurocirujano que siempre buscó explicaciones científicas para los pensamientos y el subconsciente. Pero haber estado muy cerca de morir mientras estaba en coma por una extraña y súbita enfermedad, llevó su subconsciente a "otro lugar": un paraíso inexplicablemente mágico, lleno de amor y paz. Su salida del coma fue considerada un milagro sin explicación lógica. Su experiencia en el cielo fue tan real y reveladora que retó sus paradigmas y el resultado fue el libro que escribió, una historia muy conmovedora y que despertó más mi interés en mi espiritualidad.

Quise leer un poco más sobre estos temas que a veces da pena comentar en foros abiertos. Pero yo quería saber sobre los ángeles. Al final de cuentas tenía un hijo ángel guardián. Pero ¿qué es un ángel? ¿Realmente existen o son simplemente una expresión?

Busqué bibliografía y fue relativamente fácil toparme con libros sobre ángeles. Uno había sido escrito por uno de los colaboradores de *Proof of Heaven* y se llamaba *Proof of Angels* (Prueba de ángeles). Contenía historias en las que los personajes narran encuentros o experiencias con ángeles. No necesariamente los han visto, pero saben con certeza que estuvieron cerca de ellos. El libro exponía el caso de unos rescatistas que corrieron a auxiliar a los tripulantes de un automóvil que en 2015 cayó en un río en Utah, Estados Unidos. Al menos dos de ellos escucharon la voz de una mujer gritar: "Ayúdenme, ayúdenme" y grande fue su sorpresa al sacar el vehículo del río y descubrir que la única pasajera que pudo haber emitido el grito era una mujer que llevaba más de catorce horas de haber fallecido. Junto a ella yacía su bebé, viva. Los rescatistas quedaron convencidos de que fue un ángel quien les alertó de que había un pequeño ser con vida dentro del automóvil accidentado. Así lo narró uno de ellos al autor del libro.

Una de las definiciones de ángel es: "En algunas religiones, ser espiritual, servidor y mensajero de Dios que convencionalmente se representa como un joven o un niño bello y alado".[24] Pero más allá de una representación, yo creo que los ángeles están relacionados con sentimientos. Sobra decir que yo sí creo en ellos. Probablemente siempre creí y ahora lo creo más que nunca. Los ángeles son parte de mi espiritualidad entendida como un valor y de estar consciente de mi interior y del entorno, más allá de lo que puedo ver y palpar. Me refiero a espiritualidad como una forma de aceptar la sincronicidad y de encontrar la unión entre dos o más eventos, para decodificar nuestro destino en esta maravillosa vida. Porque las cosas pasan por algo. Yo estoy convencido de que Thiago vino a difundir un mensaje de amor. Vino a fortalecernos. A reconectarme con mis valores. A entrenarnos para un futuro cercano que no sería fácil. Nos preparó para la llegada de Fabián y completó su misión convertido en un ángel. Esto no lo hubiera comprendido sin una profunda espiritualidad.

Propósito

Todos tenemos momentos en nuestra infancia que nos marcan y si realmente aprendimos algo de ellos, nos definen en buena medida.

Cuando estaba en cuarto primaria, mis compañeros de clase y yo tuvimos que pintar una cartulina con marcadores. Estábamos tirados en el suelo y de reojo vi a la subdirectora de primaria que se acercó al grupo y dijo en voz alta: "Este niño es muy dedicado". Se refería a mí. Nadie hizo caso al comentario, todos siguieron pintando como si nada, pero para mí fue una frase que me impactó e influyó positivamente. No sé si ese momento detonó algo en mí, pero desde temprana edad me di cuenta de lo importante que es esmerarse en lo que uno hace. Dar todo para hacerlo bien y mostrar genuino compromiso. Completar lo que uno inicia y no darse por vencido. Es el único camino cuando se quiere verdaderamente algo.

En mi infancia también me marcó una lección que me dio mi padre cuando competía con mis hermanos y primos para ver quién armaba primero un rompecabezas. Yo era lento y me rendí a la mitad del camino y mi papá encontró las duras, pero alentadoras palabras para motivarme a terminar, a pesar de que me tomaría el doble de tiempo que a mis contrincantes. Quedé en el último lugar, pero me sentí orgulloso de mí. Terminar lo que uno comienza se siente bien. Además, el aprendizaje se hace exponencial al cerrar un ciclo, particularmente cuando uno se topa con desafíos en el camino.

Si quieres aprender, crecer y trascender, debes terminar lo que inicias. Para ello es necesario iniciarlo con dedicación, determinación y enmarcarlo en una meta. Hacerlo con un propósito. Así me lo enseñó mi padre, con una manera auténtica y sencilla. A su estilo.

Una búsqueda en Google arroja esta definición sencilla de propósito: "La determinación firme para hacer algo".[25] La clave es la palabra "firme" entendida como la determinación de mantenernos en el camino sin importar las barreras u obstáculos que nos topemos. Siempre los hay, especialmente cuando buscamos algo grande. Es únicamente la firmeza la que hace la diferencia entre desear algo (flojamente) y tener una convicción verdadera hacia ello: un propósito.

Yo defino el propósito como la razón por lo cual haces algo. Y si persigues algo con un significado profundo, el camino para alcanzarlo será placentero. Se siente bien tener un propósito y abordarlo con genuino compromiso y mientras más grande y trascendente es, más se disfruta al alcanzarlo. Gini Romety, una empresaria estadounidense, presidenta y CEO de la compañía IBM, dijo una vez: "El crecimiento y el confort nunca pueden coexistir". Mientras más desafiante y retador sea tu propósito, objetivo o meta, más te mueve y te hace crecer como persona.

La proyección de un propósito puede ser de corto plazo, para alguna situación particular, o de largo plazo. Hasta ahora quizá solo me he referido a este valor desde una perspectiva de lo inmediato. Pero este pensamiento nos conduce hasta un plan de vida. La literatura moderna define esto como un objetivo más grande que uno mismo, es decir, que trasciende a la persona. Varios lo definen como tu "llamado en la vida".

Todo el año 2016, particularmente los dos o tres meses después de la visita de Thiago y los meses que estuvimos con Fabián en San Petersburgo, fueron de mucha reflexión. Cavilé sobre mi propósito vital. ¿Es desarrollar una exitosa e impactante carrera profesional o es proveer a mi familia? ¿Es ser un buen esposo y papá? ¿Cómo puede eso trascenderme y favorecer el entorno? La pregunta es extremadamente amplia, pero descubrí que una simple respuesta, aunque se circunscriba al corto plazo, puede ser poderosa para darle sentido y rumbo a nuestras existencias, para tomar mejores decisiones o que, por lo menos, nos lleven por el camino que nos permitirá alcanzar nuestra versión muy particular de "sacarle jugo a la vida" y contribuir a mejorar el mundo.

En mi proyecto de gratitud y los eventos que nos rodearon descubrí que aún no tengo del todo claro cuál es mi propósito vital, entendido este como mi llamado a generar un impacto favorable más allá de mi círculo cercano. Sin embargo, sé que en el largo plazo, ser un impacto positivo en la gente que amamos y nos rodea y en cualquier entorno (como nuestra comunidad), comienza por ser feliz con uno mismo. Si uno no es feliz, difícilmente hará feliz a quienes le rodean, al menos de una forma sostenible. Hay que disfrutar lo que uno hace y el día a día. Disfrutar el camino hacia nuestras metas de familia, personales o laborales. Ahí comienza el verdadero impacto positivo y sostenible: siendo feliz uno mismo y compartiendo, contagiando y multiplicando ese júbilo hacia los demás. Quizá por acá empieza mi llamado, mi propósito fundamentado en la misión de contagiar mi dicha.

La felicidad, como lo mencioné antes, es una elección. Tal Ben-Shahar predica en *Happier* que, excepto en situaciones extremas, es un estado emocional que cualquiera puede alcanzar. Es una actitud ante las pequeñas decisiones que tomamos todos los días. La suma de ellas define los caminos que tomamos. A veces no se eligen conscientemente, es hasta que vamos ya avanzados en el recorrido que nos damos cuenta de que la ruta elegida fue producto de pequeñas decisiones que tuvieron un impacto. Así lo define Christensen en *How Will You Measure Your Life?* Porque la felicidad puede ser un hábito.

Yo veo al propósito como algo que debemos practicar en lo que hacemos a diario y en nuestra misión y grandes metas de vida. Propósito es un valor para tener incrustado en nuestros hábitos para cualquier acción o deseo, de quehacer diario, para el mes en curso, como meta del año nuevo y de los próximos años. Se trata, pues, de hacer las cosas con ganas, enfocados y entregados a lo que queremos lograr.

* * *

Llevábamos casi dos meses en San Petersburgo y buscaba ansiosamente una media maratón en el área con la cual pudiera saciar mi ansiedad de corredor. Estaba saliendo de una lesión deportiva en la banda iliotibial y de un dolor horrible alrededor de la rodilla. Había estado entrenando levemente, aprovechando las calles tranquilas alrededor de nuestro apartamento y de las playas espectaculares con amaneceres y atardeceres de película. Mi motor motivacional estaba encendido.

Encontré en una revista local de corredores una carrera que sería el domingo 22 de enero de 2017 en Clearwater, la ciudad cercana a San Petersburgo. Era la ocasión perfecta para un regreso. O así lo imaginaba yo. Inmediatamente busqué el sitio de Internet y me inscribí. Correría por Fabián, mi luchador que ya estaba en la recta final de su propia maratón, la de su vida.

Cualquier corredor que ha entrenado y corrido una media maratón o maratón completa (o más) sabe lo poderoso que es dedicarla a alguien especial. Tiene un efecto multiplicador en tres aspectos: en la motivación, en la experiencia y en el amor que uno siente por la persona a quien entrega su esfuerzo.

En el proceso de la inscripción electrónica tuve una grata sorpresa que despertó más mi motivación. Se trataba una carrera que esperaba alrededor de mil corredores y uno tenía la opción de escoger su número (*bib*) entre mil y tres mil. Se encendió mi bombilla. Le dedicaría la carrera a Fabián y llevaría su peso en gramos al nacer colgado en mi pecho: 1389, como lo decía su certificado de nacimiento. Tal y como lo supuse, el número estaba disponible. Había participado en más de treinta carreras y nunca había recibido mi número con tanta emoción. Es más, nunca había tenido la oportunidad de escogerlo.

Llegó el fin de semana de la competencia y yo tenía todo listo desde la noche anterior: mi ropa organizada, gels y barras energéticas, el reloj de carrera con GPS y sensor de frecuencia cardíaca, música y pachones con líquidos súper hidratantes. Todo preparado y colocado en la sala del apartamento, para no despertar a Stefanie cuando me levantara de madrugada. Pero poco después de la cena recibí un correo electrónico de los organizadores de la carrera. Lo recibimos todos los participantes. La competencia había sido cancelada por los pronósticos de lluvia y de vientos extremadamente fuertes.

Hay dos cosas que frustran terriblemente a cualquier corredor: que se cancele una competencia y que se lesione antes o durante ella. Esa vez me tocó enfrentar la primera. Me fui a dormir frustrado por una situación que no podía controlar.

Pasaron los días y lo más fácil habría sido olvidarme de la carrera, resignarme y aceptar algo que se salía de mi alcance. Pero continuaba resonando en mi cabeza la idea de que esta maratón tenía una dedicatoria especial y, particularmente, yo continuaba fiel a un verdadero objetivo: correrla en nombre de Fabián. Me lo metí en la cabeza desde un inicio y no me lo podía sacar. Así suelo ser: terco y testarudo con mis ideas.

Finalmente decidí correr por mi hijo a mi manera. Lo hice con un firme propósito, honrando a la espiritualidad que descubrí meses atrás y despidiéndome de San Petersburgo con el más profundo sentimiento de gratitud.

Un día antes de volver en definitiva a Guatemala conduje hasta Clearwater, estacioné el auto en un aparcadero público, anclé cuatro pachones de ocho onzas en mi cincho de hidratación, me embadurné el protector solar y activé mi reloj deportivo. Corrí exactamente el mismo trayecto que habríamos recorrido durante la competencia. La diferencia fue que lo hice solo y con el peso de mi hijo anclado en mi pecho como si fuera un escudo o el emblema de un superhéroe. Al inicio me sentí como un tonto. Luego, no podría haberme sentido más orgulloso de lo que hacía. Durante mi recorrido al menos tres peatones me preguntaron en qué competencia corría. Solo les respondí: "¡Es una larga historia!", sonreí y seguí corriendo.

Aquella ha sido una de mis mejores carreras y de la que más orgulloso me he sentido al finalizarla. Intenté contarlo en mi cuenta de Instagram de la siguiente forma:

Me inscribí en la media maratón de Clearwater, Florida, que se suponía ser el 22 de enero, pero nunca se llevó a cabo. Fue cancelada debido al mal clima. Había logrado obtener mi número de pechera como el peso exacto al nacer de mi recién nacido prematuro: 1389 (gramos). No obtuvimos un reembolso, solo la medalla. Pero ayer decidí realmente ganarla y honrar la pelea exitosa de mi hijo por su vida. Corrí el circuito de la carrera original. Me sentí como un idiota durante los primeros diez segundos con un número de babero, pero no pude sentir más orgullo durante los 21k para completar mi llamada: una carrera dedicada a Fabián ¡mi verdadero campeón! Él es quien realmente pasó por mal clima y nunca renunció. Y ahora lo llevamos a casa. Clearwater, FL Halfathon, 01:57.

* * *

A los pocos días de haber regresado a casa me puse a ver las más de mil fotos y videos que tomamos desde el día que nació Fabián, particularmente aquellos momentos que capturamos durante nuestra estadía en San Petersburgo. Se me llenaron los ojos de lágrimas al ver a mi diminuto hijo en su incubadora horas después de haber nacido. Encontré el video con el cual documenté uno de sus primeros llantos, mientras su madre lo calmaba y lo cargaba por primera vez. Me tembló el pulso al ver la incubadora portátil antes de ser ingresada a la ambulancia aérea en la que pasé largos momentos de ansiedad. Vi la foto del piecito de Fabián cuando apenas medía cinco centímetros. ¡Cinco! Encontré una foto editada en blanco y negro de la primera vez que fui papá canguro. Vi fotos de los atardeceres espectaculares que disfruté con Luis Andrés y Ana Belén y también me topé con la primera imagen en la que aparecimos la familia completa: el día que los niños llegaron a San Petersburgo y conocieron a su hermano en el hospital. Me conmovió ver nuevamente la foto que Stefanie me envió para notificarme que habían dado de alta a nuestro campeón. Y sentí una enorme gratitud al ver la foto que nos tomamos toda la familia al llegar a casa, frente al letrero que decía: "¡Bienvenido Fabián!".

También vi las pocas fotos que tenemos de Thiago y me recordaron los días grises de enero de 2016. No las veía desde hacía más de un año. Es más, creo que nunca había regresado a buscarlas. Las guardaba en una carpeta oculta en mi ordenador. Al abrirlas de nuevo no me generaron tristeza. Más bien experimenté nostalgia y una profunda reflexión. Thiago dejó en nosotros un gran vacío que durará para siempre. Pero, a su vez, nos llenó de gratitud, espiritualidad y propósito, mis tres valores clave y mi base de muchos otros.

Ver todas las imágenes de un largo año que pasó volando generó unos "flashazos" que hilaron en mi mente una película. Un filme que comenzó con el nacimiento y partida de Thiago y que concluyó con la llegada a casa de Fabián, sano. Fue el rodaje de un drama familiar con un final feliz. Y, como acostumbro en las ocasiones muy especiales, decidí hacer un videoclip que resumiera la historia de Fabián. El cortometraje inicia con un mensaje sobrepuesto en las imágenes más emotivas y auténticas que he tomado: Luis Andrés y Ana Belén jugando en la playa, hablando y riéndose mientras yo estaba enterrado en la arena. Fue un día ordinario en San Petersburgo en el que sucedió un momento perfecto. Este es el mensaje que coloqué en el video:

*Esta es una historia
Acerca de nunca darse por vencido
Sobre el regalo del tiempo
Acerca de conectar los puntos
Para encontrar la grandeza en la dificultad
… y lecciones de vida entre la confusión*

*Esta es una historia
Sobre la familia y amigos
Acerca de una madre extraordinaria
Y un bebé arcoíris
Quién decidió nacer muy temprano
Y difundir un mensaje
Sobre los momentos especiales en la vida
Sobre la felicidad y la gratitud
Y el amor en lo incierto*

*Cada imagen vale una historia
Y, Fabián, ¡esta es la tuya!*

* * *

El pensamiento tradicional nos ha enseñado que nuestros valores son nuestras raíces. Estoy de acuerdo con eso, pero también veo los valores desde otra perspectiva. Más que las raíces, son los frutos. Bien fundamentados, entendidos y ejemplificados por nosotros, los valores hacen que todo sea mejor. Hacen que quienes nos rodean se vean influenciados positivamente por nuestras acciones. Que uno mismo sea más feliz. Y quien es genuinamente feliz, alegra a quienes lo rodean.

Los momentos duros son los que realmente nos definen.
Los hábitos son los que nos conducen.
La disciplina nos da consistencia.
El desafío es el verdadero impulsor del aprendizaje.
El aprendizaje es lo que nos hace crecer.
Y el crecimiento personal es igual a felicidad.
Una vida feliz es una vida llena de valores.
Y los valores ¡son el jugo de la vida!, y el sabor lo escoges tú.

El legado de nuestro ángel inició desde que lo nombramos Thiago, mucho antes que conociéramos lo que este potente nombre representa y los momentos adversos que estaban a la vuelta de la esquina. Thiago traería aprendizaje y crecimiento a mi vida.

El 2016 fue tremendamente intenso. Inició de la forma más triste que habría podido imaginar, pero trajo consigo una serie de vivencias que me marcaron para siempre. Nos marcaron para siempre. El año fue una cuna de descubrimientos plasmados en 365 cortas y sencillas frases que reforzaron los valores de un padre, los fundamentos de un matrimonio y la felicidad de una familia. El proyecto multiplicó mi apreciación por la vida mediante la gratitud.

Mi gran lección es *El legado de Thiago*.

Al concluir mi media maratón de Clearwarter, FL. La carrera fue cancelada y yo decidí correrla solo (tres semanas después), por mi hijo, con su peso al nacer anclado en mi pecho.

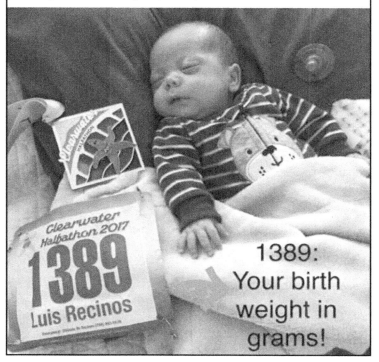

Fabián, tras haber "corrido la maratón de su propia vida", luce la medalla que gané para él; 1389 gramos fue su peso al nacer (3 libras y 1 onza). Este fue el mensaje original que coloqué en mis redes sociales.

CARTA A THIAGO

13 de enero de 2017

Hoy cumplirías un año.

Tu mamá no sabe lo que voy a contarte ahora, nunca se lo he dicho, pero cuando estabas a punto de nacer yo hice una promesa en el hospital que aún no he cumplido.

Sucedió después de que me puse el traje esterilizado para entrar a la sala de partos. Yo estaba sentado en una banca del vestidor y oía el tic tac de un reloj de pared. No sé cuánto tiempo pasó, lo sentí eterno, pero me puse orar y durante mi clamor prometí a Dios que si te daba la fuerza para superar la lucha y estar presente en nuestra vida, a pesar de nacer dieciséis semanas antes del tiempo previsto, yo haría un cambio personal significativo. Haría una importante acción de impacto positivo a mi alrededor. Haría lo que él dispusiera, estaba dispuesto a todo.

Diecinueve horas después te vi partir y asumí que mi petición no había sido aceptada.

Cuando rezaba en el vestidor estaba consciente de las pocas probabilidades que tenías de quedarte con nosotros, pero también albergaba esperanza de que sucediera un milagro. Mi negociación no funcionó, eso creía. Pero con el tiempo he llegado a entender que mi petición sí fue escuchada y que el clamor de tenerte "presente en nuestra vida" fue atendido de una forma más allá de la previsión humana.

No sé si me gustó tu nombre la primera vez que tu madre me lo propuso. Definitivamente Thiago me sonaba mejor que sus otras tres propuestas, pero no estaba seguro. Tu nombre realmente me enganchó después de que el compasivo sacerdote te dio la bendición y tú ya estabas en brazos celestiales. De pie junto a tu diminuto cuerpo físico, el padre nos dijo que algún día Dios nos compensaría el dolor que estábamos sufriendo con tu partida. Nos preguntó la razón por la cual te habíamos puesto Thiago. Yo sabía que era un nombre bíblico, pero no recordaba su significado. La verdad es que no le había puesto mayor atención. Allí mismo hice la consulta, desde mi teléfono, y al leer lo que me apareció en la pantalla, mis ojos se llenaron de lágrimas. Thiago quiere decir "Dios nos recompensará".

Si el significado bíblico de tu nombre me sacudió, la descripción de la personalidad de Thiago me reconfortó: "Personas que tienen una gran intuición. Son resilientes y utilizan las adversidades de la vida para sacar de ellas un aprendizaje y crecer". Justo eso fuiste y eso significaste en nuestras vidas.

Tu visita fue corta, pero en las escasas diecinueve horas que estuviste con nosotros te dimos un pasaporte, un permiso para volar y estuvimos muy cerca de subirte a un avión. Te dimos un nombre y, especialmente, un lugar en nuestra familia.

Estoy convencido de que estabas destinado a llamarte Thiago. Nada fue casualidad, todo fue una sincronicidad de la vida y un mensaje que hemos aprendido a decodificar. De una manera misteriosa, potente y profunda, Dios nos ha recompensado con creces.

Después de tu partida, tu madre amanecía llorando, durante varios meses. A veces la vi, otras veces me ocultó sus lágrimas. Yo siempre quise respetar su espacio, aunque quizá debí propiciar más la conversación. La verdad es que muchas veces no supe qué decirle y aún siento culpa por eso. Solo pude abrazarla y hacerle sentir que estaba bien llorar, que estábamos juntos y que lo superaríamos.

Tu madre es la persona más espectacular que he conocido en mi vida. Sé que la conoces bien, estuviste veinticuatro semanas con ella y ahora la acompañas desde otra dimensión. Yo me siento el hombre más afortunado del mundo por tenerla a mi lado. Siempre la he querido con todo mi corazón, pero hoy la amo y admiro más que nunca. Las pruebas que hemos pasado me reconfirman que es una persona tierna, llena de amor, fuerza y compasión. Seguramente ella piensa que yo fui fuerte en los momentos duros que pasamos tras tu visita. Pero la realidad es que fue ella quien me dio toda la fortaleza. Yo también lloré en solitario en varias ocasiones. Porque me hacía tanta ilusión tu llegada.

Nunca podré ver tus primeros pasos, pero seguirás a Fabián cuando aprenda a caminar. No te enseñaré a montar la bicicleta, pero vigilarás a Luis Andrés cuando pedalee. No te veré graduado del kindergarten, pero estarás detrás de Ana Belén cuando luzca su birrete. Nunca tendré que regañarte, pero sé que me ayudarás a tener sensibilidad y tino cuando deba disciplinar a tus hermanos.

Un día, un tío me dijo que detrás de pruebas tan duras como las que nos tocó vivir, Dios nos envía una serie de mensajes que debemos traducir y darles un sentido positivo. Eso fue justo lo que hicimos a partir de tu visita: tu paso por nuestras vidas nos dejó certezas y lecciones. Algunas ya las desciframos, otras aún no, será cuestión de tiempo.

De lo que ya he aprendido es a darme cuenta lo mucho que quiero a tus hermanos y lo importante que es pasar tiempo juntos y vivir el momento. También entendí que me llenaste de amor y calibraste el norte de mi *vida; gracias a ti espero ser una mejor persona. Reforzaste mis valores y me hiciste ver lo lindas y cercanas que son nuestras familias. Me enseñaste a ver la gente tan maravillosa que nos rodea y lo que está dispuesta a hacer por nosotros. Me mostraste que tenemos amigos que, pese a la distancia y los años, están allí y nos guardan su cariño. Me enseñaste que está bien llorar y que no hay casualidades. Me hiciste ver que, después de todo, tú estarás siempre presente en nuestras vidas. Nos rodeaste de fe.*

Cuando rezo por las noches pido a Dios por ti, pero con esta carta siento que converso contigo. Que estés en el cielo me hace perder un poco el miedo a morir. Me tranquiliza saber que alguien tan cercano a mí estará allá para recibirme el día que Dios disponga. Tendremos tanto de qué platicar y ponernos al día, aunque sospecho que tú sabrás todo porque nos acompañas desde tu partida y te convertiste en nuestro ángel guardián.

No pasa un día sin que me acuerde de ti, pero a veces te pienso un poco más. Entonces abro esta carta que comencé a escribir a los pocos días de tu visita y que me sirve para expresarte mis sentimientos. Pero ya llegó el momento de ponerle un punto. Hoy, el día que cumplirías un año de vida, termino de escribirla, aunque aún tengo una promesa por cumplir: aquella que hice en el vestidor del hospital, minutos antes de tu nacimiento. Aún no sé qué cambio personal significativo haré o qué acción de impacto positivo a mi alrededor debo emprender. Quizás al difundir tu mensaje pueda honrar mi compromiso. Quizá logre un cambio significativo al compartir tu misión. Espero que me ayudes a descubrirlo.

Hoy, mi querido Thiago, tú cumples tu primera gran misión y yo apenas comienzo la mía, pero estoy seguro de que me acompañarás en la travesía.

Sin duda, este ha sido el año más intenso de mi vida, pero gracias a ti y a los poderosos mensajes que nos has dejado, puedo decir con total firmeza que ha sido mi mejor año. Nuestro mejor año. Un período espiritual, de mucha reflexión, propósito y significado. Un año que me ha enseñado la magia y trascendencia de la gratitud.

Ese es tu legado.

Con amor,

Papá.

EPÍLOGO

Ocho meses después de haber salido del hospital, regresamos a San Petersburgo para someter a Fabián a nuevos chequeos médicos. Nuestro bebé ya casi tenía un año y las evaluaciones confirmaron que estaba tan sano como se veía.

En la clínica nos recibieron como en casa. Tuvimos una sensación similar a la que experimentas cuando visitas la universidad de la que te graduaste. Los tres meses de Fabián en cuidados intensivos fueron una cuna de aprendizajes, ¡toda una universidad!

Fue muy nostálgico regresar con la familia a la ciudad. Una madrugada tuve la oportunidad de salir a correr por las pacíficas calles. Guiado por las luces del alumbrado público crucé los puentes que casi un año atrás eran parte de mi rutina diaria para llegar al hospital. Recordé los doce minutos que conducía cada mañana con ansiedad y prisa para llegar a darle los buenos días a nuestro guerrero. Corrí por las orillas de la playa que en su momento fueron la plataforma para desahogar mis tensiones. Viví profundamente cada minuto. Me detuve dos o tres veces para apreciar lo que sentía como un momento angelical ante la salida del sol representada en un *collage* de colores celeste, amarillo y naranja.

En una de esas pausas, tomé la foto del amanecer más espectacular de mi vida. Un momento perfecto que capté en una imagen. Una representación que engloba los sentimientos de gratitud que pasaron por mi mente durante esas dos horas que corrí por la playa de San Petersburgo.

Casi doce horas después vimos el atardecer en la playa con Stefanie y los niños. Hablamos de cómo diez meses atrás estuvimos varias veces en el mismo lugar y vimos el sol desde ese mismo ángulo, pero con otra perspectiva. Estábamos con

Luis Andrés y Ana Belén y rodeados de incertidumbre y temor por la recuperación de Fabián que batallaba por su vida en el hospital. Esta vez el campeón estaba con nosotros y como bien nos dijo un buen amigo: "No hay nada como la familia completa".

Durante nuestra conversación sentimos una brisa fresca. Recordé mi proyecto y la experiencia de 365 días que me transformó. No tuve la menor duda de que el legado de nuestro hijo Thiago era que, todos juntos, aprendiéramos el valor de la vida, la familia y la gratitud para encontrar la felicidad.

Fue allí donde me di cuenta de que quizá sí había cumplido con la promesa que hice en el vestidor del hospital, el 13 de enero de 2016, previo al nacimiento de Thiago. Mi cambio personal fue hacia una actitud de agradecimiento y el compromiso de buscar constantemente momentos perfectos con mi esposa e hijos. Si los mensajes de mi proyecto y nuestra historia documentada en estas páginas llenan de gratitud, fe y esperanza al menos a una persona que lo necesite, habré cumplido con la segunda parte de mi promesa.

* * *

El 17 de noviembre de 2017 (casi un año después del nacimiento de Fabián), un colega de trabajo y padre de gemelos prematuros que acababan de salir del hospital, me envió un breve correo electrónico para recordarme que era el "Día Internacional del Bebé Prematuro" acompañado de un artículo.

Inspirado en su mensaje, escribí en mis redes sociales una reflexión la cual espero que, junto con esta memoria, resuenen en las familias que buscan esperanza, fortaleza y la pronta recuperación de sus prematuros. Mi mensaje decía así:

> *Hoy se celebra el Día Internacional del bebé prematuro. Fabián nació extremadamente prematuro, de veintisiete semanas. Esta foto de su pie, que medía apenas cinco centímetros, la tomé a los seis días de su nacimiento. Hoy es un bebé sano que pronto cumplirá un año. ¡En estos doce meses nos ha llenado de bendiciones! Un fuerte abrazo de admiración a todos los prematuros que son el mejor ejemplo de luchar por la vida y por los sueños desde temprana edad, y nos demuestran que los hijos pueden enseñar mucho a sus padres. En especial, ¡un fuerte abrazo a los papás que están llenándose de fe, paciencia y fuerza mientras transitan el camino de los primeros días de sus pequeños grandes luchadores!*

Días después, mientras leía algunos de los pasajes de este relato, me di cuenta de que el ingreso inesperado de Stefanie al hospital, previo al nacimiento de Fabián, fue precisamente un jueves 17 de noviembre: el Día Internacional del Bebé Prematuro.

Una vez más, ¡la sincronicidad tocó nuestra puerta!

Fabián juega con la arena en la playa de San Petersburgo ocho meses después de haber finalizado su lucha victoriosa en el hospital.

ANEXO
365 días de gratitud

En este anexo incluyo una copia de los agradecimientos que escribí cada día en la aplicación de notas de mi iPhone. Estas cortas y sencillas frases constituyeron la base del año más reconfortante de mi vida y detallan el inicio, paradas y destino de *Una travesía de 365 días de gratitud*.

Agradecimiento inicial
Jueves 31 de diciembre de 2015
Ver los fuegos artificiales de año nuevo en la playa ¡con luces y sonido espectacular!

Agradecimiento 1
Viernes 1 de enero de 2016
La risa genuina de Luis Andrés al enterrarlo en la arena de la playa.

Agradecimiento 2
Sábado 2 de enero de 2016
Ver el atardecer en la playa de Monterrico con Stefanie y los niños.

Agradecimiento 3
Domingo 3 de enero de 2016
Regresar sanos y felices de otro fin de año increíble.

Agradecimiento 4
Lunes 4 de enero de 2016
Tener un pastel de cumpleaños iluminado de velas, rodeado de mi familia.

Agradecimiento 5
Martes 5 de enero de 2016
Almuerzo con mi mentor; hablar de la vida, la familia y el trabajo.

Agradecimiento 6
Miércoles 6 de enero de 2016
Desayunar con dos buenos amigos del colegio y filosofar sobre la vida.

Agradecimiento 7
Jueves 7 de enero de 2016
Llevar a Ana Belén al colegio y escucharla cantar "El Serrucho".

Agradecimiento 8
Viernes 8 de enero de 2016
Ver la cara iluminada de Luis Andrés al contarme de sus "5 estrellas" en el colegio.

Agradecimiento 9
Sábado 9 de enero de 2016
Ver a Ana Belén bailando "La Adrenalina".

Agradecimiento 10
Domingo 10 de enero de 2016
Ver "Point Break" en 3D y sentir la adrenalina por la acción extrema.

Agradecimiento 11
Lunes 11 de enero de 2016
Extrañar a Stefanie y a los niños durante un viaje de trabajo.

Agradecimiento 12
Martes 12 de enero de 2016
Regresar a casa de viaje y recibir un abrazo sorpresa de mis hijos.

Agradecimiento 13
Miércoles 13 de enero de 2016
Recibir a Thiago; verlo llegar, aunque inesperadamente.

Agradecimiento 14
Jueves 14 de enero de 2016
Haber tenido la oportunidad de cargar, besar y sentir el calor de Thiago, previo a su partida.

Agradecimiento 15
Viernes 15 de enero de 2016
Tener una familia cercana y amorosa, y gente que nos rodea y nos aprecia.

Agradecimiento 16
Sábado 16 de enero de 2016
Presenciar la boda de mi cuñada y celebrar con alegría su momento, a pesar del vacío que tenemos en nuestro corazón.

Agradecimiento 17
Domingo 17 de enero de 2016
Abrazar a Stefanie viendo una película en el hospital, hablando de nuestro dolor.

Agradecimiento 18
Lunes 18 de enero de 2016
Regresar a casa y encontrar un "jardín" de orquídeas.

Agradecimiento 19
Martes 19 de enero de 2016
Comenzar a escribirle una carta a Thiago.

Agradecimiento 20
Miércoles 20 de enero de 2016
¡Hacer ejercicio... nuevamente!

Agradecimiento 21
Jueves 21 de enero de 2016
Escuchar palabras de apoyo de parte de un amigo y compañero de trabajo.

Agradecimiento 22
Viernes 22 de enero de 2016
Pasar tiempo con buenos amigos en un restaurante-bar.

Agradecimiento 23
Sábado 23 de enero de 2016
Desayunar con Luis Andrés y Ana Belén.

Agradecimiento 24
Domingo 24 de enero de 2016
Cargar a Ana Belén dormida en el carro.

Agradecimiento 25
Lunes 25 de enero de 2016
¡Amanecer! Un día más de vida.

Agradecimiento 26
Martes 26 de enero de 2016
Intercambiar con Stefanie canciones que expresan lo que sentimos.

Agradecimiento 27
Miércoles 27 de enero de 2016
Escuchar a Luis Andrés entusiasmado por su clase de karate.

Agradecimiento 28
Jueves 28 de enero de 2016
La risa de Ana Belén al hacerle cosquillas.

Agradecimiento 29
Viernes 29 de enero de 2016
Recibir un mensajito de Stefanie diciendo que está feliz por nuestro *date night*.

Agradecimiento 30
Sábado 30 de enero de 2016
Ver a los niños bailar en el cine después de ver "Alvin y las Ardillas".

Agradecimiento 31
Domingo 31 de enero de 2016
Cruzar la meta de la media maratón Max Tott.

Agradecimiento 32
Lunes, 1 de febrero de 2016
El beso de Stefanie.

Agradecimiento 33
Martes 2 de febrero de 2016
Llevar a Luis Andrés a la parada y correr al bus.

Agradecimiento 34
miércoles, 3 de febrero de 2016
Almorzar con mis papás.

Agradecimiento 35
Jueves 4 de febrero de 2016
Visitar el colegio de Luis Andrés.

Agradecimiento 36
Viernes 5 de febrero de 2016
Recibir la visita de mi querido primo y su esposa.

Agradecimiento 37
Sábado 6 de febrero de 2016
¡Estar enfermo… y recordar que es una bendición la salud!

Agradecimiento 38
Domingo 7 de febrero de 2016
Ver el portón de la casa pintado con una "obra de arte" de los niños.

Agradecimiento 39
Lunes 8 de febrero de 2016
El lindo atardecer visto desde mi oficina.

Agradecimiento 40
Martes 9 de febrero de 2016
Jugar dominó con Stef y los niños.

Agradecimiento 41
Miércoles 10 de febrero de 2016
Sentir satisfacción por mi trabajo y los retos que vienen.

Agradecimiento 42
Jueves 11 de febrero de 2016
Recibir un abrazo de Stefanie al llegar a la casa a almorzar.

Agradecimiento 43
Viernes 12 de febrero de 2016
La oportunidad de reflexionar para acercarme a Dios un poco más.

Agradecimiento 44
Sábado 13 de febrero de 2016
La sonrisa de Ana Belén antes de acostarse.

Agradecimiento 45
Domingo 14 de febrero de 2016
Ir a visitar a Thiago y tener un almuerzo del Día del Cariño con la familia.

Agradecimiento 46
Lunes 15 de febrero de 2016
Las "5 estrellas" que Luis Andrés obtuvo en el colegio.

Agradecimiento 47
Martes 16 de febrero de 2016
Recibir un mensajito de Stefanie agradeciendo mis tarjetas del Día del Cariño.

Agradecimiento 48
Miércoles 17 de febrero de 2016
Probar nuevamente el cocido donde mis papás.

Agradecimiento 49
Jueves 18 de febrero de 2016
Recibir buenas noticias sobre la mejoría tan significativa de mi espalda.

Agradecimiento 50
Viernes 19 de febrero de 2016
Una cena agradable con nuestros amigos.

Agradecimiento 51
Sábado 20 de febrero de 2016
Escuchar una canción y recordar el sentimiento de haber tenido a Thiago.

Agradecimiento 52
Domingo 21 de febrero de 2016
Dormir 9 horas (¡wow!) y amanecer renovado.

Agradecimiento 53
Lunes 22 de febrero de 2016
Correr viendo el amanecer.

Agradecimiento 54
Martes 23 de febrero de 2016
La noticia de que seré tío nuevamente.

Agradecimiento 55
Miércoles 24 de febrero de 2016
Sentirme orgulloso por una presentación de nuestros proyectos de trabajo.

Agradecimiento 56
Jueves 25 de febrero de 2016
¡Por fin! Finalizar una propuesta de negocios que trabajamos por muchos meses.

Agradecimiento 57
Viernes 26 de febrero de 2016
¡*Date* con mi baby! Nos reímos mucho y la pasamos bien.

Agradecimiento 58
Sábado 27 de febrero de 2016
Ver el video de Luis Andrés bailando tremendamente.

Agradecimiento 59
Domingo 28 de febrero de 2016
Ver a Ana Belén tratando de levantar las cejas.

Agradecimiento 60
Lunes 29 de febrero de 2016
Llevar a Ana Belén al colegio.

Agradecimiento 61
Martes 1 de marzo de 2016
Una cerveza fría después de un día duro de trabajo.

Agradecimiento 62
Miércoles 2 de marzo de 2016
Ana Belén siendo simpática y adorable.

Agradecimiento 63
Jueves 3 de marzo de 2016
Agradecido por mi trabajo y por ser parte de una gran empresa.

Agradecimiento 64
Viernes 4 de marzo de 2016
Tomar unas cervezas con los amigos.

Agradecimiento 65
Sábado 5 de marzo de 2016
Cenar en casa de mis papás para celebrar el cumpleaños de mi hermana.

Agradecimiento 66
Domingo 6 de marzo de 2016
Escuchar a Il Divo cantar Nessun Dorma en vivo.

Agradecimiento 67
Lunes 7 de marzo de 2016
Charlar con un antiguo miembro del equipo de trabajo de la oficina.

Agradecimiento 68
Martes 8 de marzo de 2016
Recibir la noticia de que los resultados médicos de mi mamá fueron excelentes.

Agradecimiento 69
Miércoles 9 de marzo de 2016
Primera reunión con un foro de personas admirables con quien compartiré por muchos años.

Agradecimiento 70
Jueves 10 de marzo de 2016
Recibir una retroalimentación positiva.

Agradecimiento 71
Viernes 11 de marzo de 2016
Disfrutar el concierto de Celine Dion con Stefanie.

Agradecimiento 72
Sábado 12 de marzo de 2016
Una noche alegrísima en el concierto de Pitbull ¡nuestro mejor concierto!

Agradecimiento 73
Domingo 13 de marzo de 2016
¡Desayunar unos waffles deliciosos!

Agradecimiento 74
Lunes 14 de marzo de 2016
Platicar mucho con Stefanie durante el largo y eterno tráfico vehicular.

Agradecimiento 75
Martes 15 de marzo de 2016
Tener una gripe horrible; aprender a apreciar la bendición de estar sano.

Agradecimiento 76
Miércoles 16 de marzo de 2016
Atender a una convención de tecnología y aprender un poco más.

Agradecimiento 77
Jueves 17 de marzo de 2016
Ver la obra *Rock of Ages* y recordar las mejores canciones de los 80's.

Agradecimiento 78
Viernes 18 de marzo de 2016
Regresar de viaje y ver dormidos a los niños.

Agradecimiento 79
Sábado 19 de marzo de 2016
Cena con nuestros amigos.

Agradecimiento 80
Domingo 20 de marzo de 2016
Hacer sobremesa con mis papás y hermanas en Atitlán.

Agradecimiento 81
Lunes 21 de marzo de 2016
Tener un trabajo retador y apasionante.

Agradecimiento 82
Martes 22 de marzo de 2016
Ver el atardecer y anochecer frente al volcán San Pedro con Luis Andrés.

Agradecimiento 83
Miércoles 23 de marzo de 2016
Una vuelta por el Lago de Atitlán; mi lugar favorito de Guatemala.

Agradecimiento 84
Jueves 24 de marzo de 2016
Subir hasta la cima del volcán San Pedro.

Agradecimiento 85
Viernes 25 de marzo de 2016
Kayaking con Stefanie, Luis Andrés y Ana Belén.

Agradecimiento86
Sábado 26 de marzo de 2016
Platicar con toda la familia en la sala frente a la chimenea prendida.

Agradecimiento 87
Domingo 27 de marzo de 2016
Terminar el libro *Proof of Heaven*: una excelente lectura con final espectacular.

Agradecimiento 88
Lunes 28 de marzo de 2016
¡Los 3 años de Ana Belén!

Agradecimiento 89
Martes 29 de marzo de 2016
Dormir muy bien.

Agradecimiento 90
Miércoles 30 de marzo de 2016
Escuchar la charla motivacional de una reconocida alpinista guatemalteca.

Agradecimiento 91
Jueves 31 de marzo de 2016
Un almuerzo con una charla energizante.

Agradecimiento 92
Viernes 1 de abril de 2016
Ver a Ana Belén desayunar.

Agradecimiento 93
Sábado 2 de abril de 2016
Correr un buen fondo.

Agradecimiento 94
Domingo 3 de abril de 2016
Inscribirme a una Ultra Trail 50k: mi reto físico más desafiante hasta el momento.

Agradecimiento 95
Lunes 4 de abril de 2016
Ver *Southpaw*, una excelente película de box.

Agradecimiento 96
Martes 5 de abril de 2016
Disfrutar de ver fotos en *Instagram*.

Agradecimiento 97
Miércoles 6 de abril de 2016
Sentirme muy bien después de un entreno.

Agradecimiento 98
Jueves 7 de abril de 2016
Escuchar la charla de orientación para el ingreso de Luis Andrés a su colegio.

Agradecimiento 99
Viernes 8 de abril de 2016
Desayunar con mi papá.

Agradecimiento 100
Sábado 9 de abril de 2016
Dibujar *Angry Birds* con Luis Andrés durante el desayuno.

Agradecimiento 101
Domingo 10 de abril de 2016
Jugar luchitas de tubos flotadores con Luis Andrés y mi sobrina.

Agradecimiento 102
Lunes 11 de abril de 2016
Recibir a Luis Andrés en el bus y ver su cara de felicidad al verme.

Agradecimiento 103
Martes 12 de abril de 2016
Sentir que mi entreno toma buena tracción.

Agradecimiento 104
Miércoles 13 de abril de 2016
Un día intenso y frustrante en la oficina, pero mi trabajo me apasiona.

Agradecimiento 105
Jueves 14 de abril de 2016
Completar una capacitación para conducción de foros.

Agradecimiento 106
Viernes 15 de abril de 2016
Ver *Hop* en nuestro "cine a la Tortrix" en la casa con los niños.

Agradecimiento 107
Sábado 16 de abril de 2016
¡Dormir casi 10 horas!

Agradecimiento 108
Domingo 17 de abril de 2016
Una aventura de *TrailRunning* en el volcán de Pacaya.

Agradecimiento 109
Lunes 18 de abril de 2016
Cargar a Ana Belén en mis hombros y escuchar su risa de nervios y felicidad.

Agradecimiento 110
Martes 19 de abril de 2016
Escuchar a los niños rezar.

Agradecimiento 111
Miércoles 20 de abril de 2016
Sentir el abrazo de Luis Andrés cuando lo llevé cargado a su cama.

Agradecimiento 112
Jueves 21 de abril de 2016
Cenar con un gran amigo de infancia.

Agradecimiento 113
Viernes 22 de abril de 2016
Platicar con mi papá y recibir sus consejos.

Agradecimiento 114
Sábado 23 de abril de 2016
Llevar a Luis Andrés a su corte de pelo.

Agradecimiento 115
Domingo 24 de abril de 2016
Correr mi primera carrera con Luis Andrés.

Agradecimiento 116
Lunes 25 de abril de 2016
Ver a los niños jugar luchitas de cojines al regresar a la casa.

Agradecimiento 117
Martes 26 de abril de 2016
Leerles un cuento a los niños antes de dormir.

Agradecimiento 118
Miércoles 27 de abril de 2016
Salir a cenar con Stefanie y hablar de todo un poco.

Agradecimiento 119
Jueves 28 de abril de 2016
Poder almorzar en la casa.

Agradecimiento 120
Viernes 29 de abril de 2016
Tener un almuerzo no planeado con Stefanie.

Agradecimiento 121
Sábado 30 de abril de 2016
Correr 20 kilómetros con mi primo.

Agradecimiento 122
Domingo 1 de mayo de 2016
Ver junto a la familia a un mago en un restaurante.

Agradecimiento 123
Lunes 2 de mayo de 2016
El beso de Stefanie al regresar a casa.

Agradecimiento 124
Martes 3 de mayo de 2016
Conocer una nueva campaña de mercadeo de la empresa.

Agradecimiento 125
Miércoles 4 de mayo de 2016
Ver la felicidad de Luis Andrés al jugar con sus Legos de *Angry Birds*.

Agradecimiento 126
Jueves 5 de mayo de 2016
Almorzar con dos buenos amigos de la universidad.

Agradecimiento 127
Viernes 6 de mayo de 2016
Ir con Luis Andrés a escoger manualidades para hacer su regalo para el Día de la Madre.

Agradecimiento 128
Sábado 7 de mayo de 2016
Recibir un abrazo de Stefanie por la mañana.

Agradecimiento 129
Domingo 8 de mayo de 2016
Secarle el pelo a Luis Andrés.

Agradecimiento 130
Lunes 9 de mayo de 2016
Celebrar 10 años de casados con Stefanie.

Agradecimiento 131
Martes 10 de mayo de 2016
Celebrar el Día de la Madre junto a mis papás.

Agradecimiento 132
Miércoles 11 de mayo de 2016
Regresar temprano a la casa y poder ver a los niños bien despiertos.

Agradecimiento 133
Jueves 12 de mayo de 2016
Sentirme productivo, retado y satisfecho en la empresa.

Agradecimiento 134
Viernes 13 de mayo de 2016
Una cena de bienvenida a los nuevos miembros de una asociación.

Agradecimiento 135
Sábado 14 de mayo de 2016
Llevar a los peques a ver la película de *Angry Birds* al cine.

Agradecimiento 136
domingo 15 de mayo de 2016
Iniciar mi lectura de *Proof of Angels*, inspirado en nuestra historia con el globito.

Agradecimiento 137
Lunes 16 de mayo de 2016
Probar una refrescante bebida con sabor a coco después de un entreno.

Agradecimiento 138
Martes 17 de mayo de 2016
Hablar por teléfono con Luis Andrés por 7 minutos…¡Récord!

Agradecimiento 139
Miércoles 18 de mayo de 2016
Correr mi mejor entreno hasta la fecha; 6 kilómetros a un paso de 4:20 minutos por kilómetro.

Agradecimiento 140
Jueves 19 de mayo de 2016
Tener permiso del médico y estar preparados para pedir otro bebé.

Agradecimiento 141
Viernes 20 de mayo de 2016
Jugar memoria con Luis Andrés antes de irse al colegio.

Agradecimiento 142
Sábado 21 de mayo de 2016
Ir a la expo y vivir la emoción previo a la media maratón de Cobán.

Agradecimiento 143
Domingo 22 de mayo de 2016
Disfrutar la media maratón de Cobán y regresar a casa satisfecho.

Agradecimiento 144
Lunes 23 de mayo de 2016
Escuchar a Ana Belén pedirme que la lleve al colegio.

Agradecimiento 145
Martes 24 de mayo de 2016
¡*Date night* con mi *baby*! *Quality time*.

Agradecimiento 146
Miércoles 25 de mayo de 2016
Cena con mis papas y Stefanie, con espacio para hablar de todo un poco.

Agradecimiento 147
Jueves 26 de mayo de 2016
Tener una discusión incómoda y frustrante en la oficina, necesaria para seguir aprendiendo, madurando y creciendo.

Agradecimiento 148
Viernes 27 de mayo de 2016
Irnos a la playa Monterrico con Stefanie y los niños al final de la tarde.

Agradecimiento 149
Sábado 28 de mayo de 2016
Sentarnos en la playa con Stef, los peques y mis suegros... Viendo a los niños jugar en la arena.

Agradecimiento 150
Domingo 29 de mayo de 2016
Ver en el aeropuerto a un actor de la famosa serie *Homeland* y tomarnos un *selfie*.

Agradecimiento 151
Lunes 30 de mayo de 2016
Disfrutar la película Pelé, una historia fascinante e inspiradora.

Agradecimiento 152
Martes 31 de mayo de 2016
¡Correr en un parque de Madrid!

Agradecimiento 153
Miércoles 1 de junio de 2016
Tomar una cerveza en el *rooftop* de un hotel con compañeros de trabajo.

Agradecimiento 154
Jueves 2 de junio de 2016
Visitar una universidad corporativa.

Agradecimiento 155
Viernes 3 de junio de 2016
Llegar a San Diego, California, a buscar lo que será mi mejor carrera.

Agradecimiento 156
Sábado 4 de junio de 2016
Conocer San Diego y la espectacular playa de Coronado.

Agradecimiento 157
Domingo 5 de junio de 2016
Lograr mi meta y récord personal de 21 kilómetros, 1:45 en dedicatoria y honor a Thiago.

Agradecimiento 158
Lunes 6 de junio de 2016
Regresar satisfecho a casa y enterarnos con Stefanie de que viene nuestro cuarto hijo(a) en camino. ¡Estamos felices!

Agradecimiento 159
Martes 7 de junio de 2016
Compartir con nuestras familias la noticia del bebé en camino.

Agradecimiento 160
Miércoles 8 de junio de 2016
Conocer a gente nueva e interesante en un evento.

Agradecimiento 161
Jueves 9 de junio de 2016
Una excelente cena con mis amigos.

Agradecimiento 162
Viernes 10 de junio de 2016
Armar un rompecabezas con Ana Belén.

Agradecimiento 163
sábado 11 de junio de 2016
Desayunar con mis peques y pintar juntos.

Agradecimiento 164
Domingo 12 de junio de 2016
Comer dulces con los niños mientras vemos la obra *Mary Poppins*.

Agradecimiento 165
lunes, 13 de junio de 2016
Almorzar con mi mentor.

Agradecimiento 166
Martes 14 de junio de 2016
Una cerveza con "el primo" discutiendo nuestro plan de entreno para la Ultra 50K.

Agradecimiento 167
Miércoles 15 de junio de 2016
Compartir tiempo con mis primos.

Agradecimiento 168
Jueves 16 de junio de 2016
Tener a Ana Belén dormida en mi brazo.

Agradecimiento 169
Viernes 17 de junio de 2016
Ver por primera vez a nuestro bebé en ultrasonido.

Agradecimiento 170
Sábado 18 de junio de 2016
Almorzar donde mi hermana y celebrar el Día del Padre.

Agradecimiento 171
domingo 19 de junio de 2016
Ver dormido a Luis Andrés con los pies sobre Ana Belén.

Agradecimiento 172
Lunes 20 de junio de 2016
Almorzar en la casa y empujar a Ana Belén en el columpio.

Agradecimiento 173
Martes 21 de junio de 2016
Cena con mi papá.

Agradecimiento 174
Miércoles 22 de junio de 2016
Una visita de los niños a la oficina.

Agradecimiento 175
jueves 23 de junio de 2016
Inicio del entreno para la maratón de Nueva York y la Ultra 50K.

Agradecimiento 176
Viernes 24 de junio de 2016
Ir a un concierto tributo a Mecano con nuestros amigos.

Agradecimiento 177
Sábado 25 de junio de 2016
Almuerzo de costillitas en Atitlán celebrando el cumpleaños de mi suegra.

Agradecimiento 178
domingo, 26 de junio de 2016
Trail run/hike en Cerro de Oro siguiendo un día alegrísimo con nuestras familias.

Agradecimiento 179
Lunes 27 de junio de 2016
Cepillarle los dientes a Ana Belén.

Agradecimiento 180
martes, 28 de junio de 2016
Recibir a mis primos en la casa.

Agradecimiento 181
Miércoles 29 de junio de 2016
Desayunar con Ana Belén.

Agradecimiento 182
Jueves 30 de junio de 2016
Salir con la familia al lago de Atitlán y aprovechar el asueto.

Agradecimiento 183
Viernes 1 de julio de 2016
Dar una vuelta en lancha con los niños.

Agradecimiento 184
Sábado 2 de julio de 2016
Nadar en el lago con Luis Andrés.

Agradecimiento 185
Domingo 3 de julio de 2016
Vuelta en *kayak* con Stef y los niños. Sacar unas fotos espectaculares con el volcán.

Agradecimiento 186
Lunes 4 de julio de 2016
Cena con los tíos y primos y comer junto a mi abuelo.

Agradecimiento 187
Martes 5 de julio de 2016
Desayunar con mi mamá.

Agradecimiento 188
Miércoles 6 de julio de 2016
Almuerzo y plática amena con un equipo de trabajo.

Agradecimiento 189
Jueves 7 de julio de 2016
Una excelente cena y buena charla con amigos.

Agradecimiento 190
Viernes 8 de julio de 2016
Disfrutar mi viaje de regreso a Guatemala.

Agradecimiento 191
Sábado 9 de julio de 2016
Ir a la boda de un viejo amigo del colegio en La Antigua Guatemala.

Agradecimiento 192
Domingo 10 de julio de 2016
Invitar a mis papás a desayunar.

Agradecimiento 193
Lunes 11 de julio de 2016
Tener una buena reunión familiar durante la cena.

Agradecimiento 194
Martes 12 de julio de 2016
Ver la película *Miracles in Heaven* con Stefanie.

Agradecimiento 195
Miércoles 13 de julio de 2016
Escuchar a Luis Andrés pedir la película de *Pikachu*.

Agradecimiento 196
Jueves 14 de julio de 2016
Una buena sesión de trabajo.

Agradecimiento 197
Viernes 15 de julio de 2016
Ver nuevamente a mis amigos de Kellogg.

Agradecimiento 198
Sábado 16 de julio de 2016
Pasarla bien con mis amigos.

Agradecimiento 199
Domingo 17 de julio de 2016
Conocer a mi ahijado.

Agradecimiento 200
Lunes 18 de julio de 2016
Ir a "la refacción" en casa de mis papás y platicar con los tíos.

Agradecimiento 201
Martes 19 de julio de 2016
Disfrutar varias horas de la serie *Walking Dead*.

Agradecimiento 202
Miércoles 20 de julio de 2016
Un buen entreno de pista en el estadio.

Agradecimiento 203
Jueves 21 de julio de 2016
Disfrutar el camino a Río Dulce, a pesar de las 6 largas horas de viaje.

Agradecimiento 204
Viernes 22 de julio de 2016
Ir a la catarata de Finca El Paraíso con los niños y mis amigos.

Agradecimiento 205
Sábado 23 de julio de 2016
Dar una vuelta con Ana Belén en *WaveRunner*.

Agradecimiento 206
Domingo 24 de julio de 2016
Ir al Castillo de San Felipe y comernos un merecido helado.

Agradecimiento 207
Lunes 25 de julio de 2016
Una cena para despedir a un compañero que se retira del trabajo.

Agradecimiento 208
Martes 26 de julio de 2016
Un "project management day" exitoso.

Agradecimiento 209
Miércoles 27 de julio de 2016
Ver a Luis Andrés comer helado donde mi mamá, chorreado, pero feliz.

Agradecimiento 210
Jueves 28 de julio de 2016
Ver a Ana Belén con "papitis" por la mañana.

Agradecimiento 211
Viernes 29 de julio de 2016
Dibujar un primer borrador de un esquema de trabajo.

Agradecimiento 212
Sábado 30 de julio de 2016
Fondo de 21k y desayuno con mi primo.

Agradecimiento 213
Domingo 31 de julio de 2016
Desayunar panqueques con los niños y cantar "La Bicicleta" y "El Perdón".

Agradecimiento 214
Lunes 1 de agosto de 2016
Platicar con mi hermana.

Agradecimiento 215
Martes 2 de agosto de 2016
Recibir una "lección" de Luis Andrés para guardar mi celular al entrar a la casa.

Agradecimiento 216
Miércoles 3 de agosto de 2016
Saber que nuestro bebé será hombre.

Agradecimiento 217
Jueves 4 de agosto de 2016
Llevar a Luis Andrés a su primer día en su nuevo colegio.

Agradecimiento 218
Viernes 5 de agosto de 2016
Escuchar una charla de desarrollo de nuestro lindo país.

Agradecimiento 219
Sábado 6 de agosto de 2016
Desayuno con Luis Andrés.

Agradecimiento 220
Domingo 7 de agosto de 2016
Correr media maratón "trail" en las montañas de Tecpán.

Agradecimiento 221
Lunes 8 de agosto de 2016
Almorzar en la casa con Ana Belén y Stefanie.

Agradecimiento 222
Martes 9 de agosto de 2016
Pasar después del trabajo a saludar y platicar con mis papas.

Agradecimiento 223
Miércoles 10 de agosto de 2016
Participar en una sesión de catedráticos.

Agradecimiento 224
Jueves 11 de agosto de 2016
Un taller de trabajo muy energizante.

Agradecimiento 225
Viernes 12 de agosto de 2016
Bañar a Luis Andrés.

Agradecimiento 226
Sábado 13 de agosto de 2016
Otra aventura corriendo el volcán de Pacaya, a pesar del dolor de rodilla.

Agradecimiento 227
Domingo 14 de agosto de 2016
¡Dormir bastante!

Agradecimiento 228
Lunes 15 de agosto de 2016
Llevar a Luis Andrés cargado a su cama.

Agradecimiento 229
Martes 16 de agosto de 2016
Tomar un delicioso batido de frutas para el post-entreno.

Agradecimiento 230
Miércoles 17 de agosto de 2016
Recibir la noticia de que Stefanie va muy bien con el embarazo.

Agradecimiento 231
Jueves 18 de agosto de 2016
Desayunar con Luis Andrés.

Agradecimiento 232
Viernes 19 de agosto de 2016
Hablar de nuestra estrategia digital.

Agradecimiento 233
Sábado 20 de agosto de 2016
Desayunar con mi primo y ponernos al día.

Agradecimiento 234
Domingo 21 de agosto de 2016
Jugar memoria y dominó con los niños.

Agradecimiento 235
Lunes 22 de agosto de 2016
Recibir un tratamiento en mi rodilla.

Agradecimiento 236
Martes 23 de agosto de 2016
Acostar a los peques en nuestra cama.

Agradecimiento 237
Miércoles 24 de agosto de 2016
¡Saber que todo viene muy bien con Fabián!

Agradecimiento 238
Jueves 25 de agosto de 2016
Ver nuestra casa llena de amor.

Agradecimiento 239
Viernes 26 de agosto de 2016
Pasar tiempo a solas con Stefanie.

Agradecimiento 240
Sábado 27 de agosto de 2016
Presenciar el bautizo de mi ahijado.

Agradecimiento 241
Domingo 28 de agosto de 2016
Disfrutar un *brunch* de película.

Agradecimiento 242
Lunes 29 de agosto de 2016
Aún no puedo correr, pero sé que mi rodilla está bien.

Agradecimiento 243
Martes 30 de agosto de 2016
6 años de Luis Andrés ¡el tiempo vuela!

Agradecimiento 244
Miércoles 31 de agosto de 2016
¡Ver la panza de Stefanie! Fabián va creciendo.

Agradecimiento 245
Jueves 1 de septiembre de 2016
Volver a correr, aunque sea 2.5km.

Agradecimiento 246
Viernes 2 de septiembre de 2016
Escuchar una petición de música de Ana Belén.

Agradecimiento 247
Sábado 3 de septiembre de 2016
Tener una piñata alegrísima para Luis Andrés y ver que la pasó tan bien.

Agradecimiento 248
Domingo 4 de septiembre de 2016
Encontrarnos sorpresivamente a mis papás en un restaurante.

Agradecimiento 249
Lunes 5 de septiembre de 2016
Participar en un *Innovation Summit*.

Agradecimiento 250
Martes 6 de septiembre de 2016
Conversar con colegas en un cóctel después de una buena actividad de trabajo.

Agradecimiento 251
Miércoles 7 de septiembre de 2016
Llevar a cabo una energizante sesión.

Agradecimiento 252
Jueves 8 de septiembre de 2016
Recibir una buena terapia para mi lesión de rodilla.

Agradecimiento 253
Viernes 9 de septiembre de 2016
Afteroffice con mis amigos y escuchar una excelentísima banda de *covers*.

Agradecimiento 254
Sábado 10 de septiembre de 2016
Tener un picnic con los niños y jugar a esconder la pelota.

Agradecimiento 255
Domingo 11 de septiembre de 2016
Ver *Sully*. Excelente película y excelente inspiración.

Agradecimiento 256
Lunes 12 de septiembre de 2016
Almorzar en un nuevo restaurante de comida rápida.

Agradecimiento 257
Martes 13 de septiembre de 2016
Concluir una productiva sesión de trabajo.

Agradecimiento 258
Miércoles 14 de septiembre de 2016
Visitar la obra en proceso de nuestro futuro Centro de Servicios Compartidos.

Agradecimiento 259
Jueves 15 de septiembre de 2016
Salir de vacaciones a la playa con mis amigos.

Agradecimiento 260
Viernes 16 de septiembre de 2016
Pasar la tarde en un restaurante.

Agradecimiento 261
Sábado 17 de septiembre de 2016
Hacer un tour y nadar en unos cenotes.

Agradecimiento 262
domingo, 18 de septiembre de 2016
Recibir un fuerte abrazo de Luis Andrés al regresar del viaje.

Agradecimiento 263
Lunes 19 de septiembre de 2016
Comenzar a dar clases de Estrategia de Negocios nuevamente.

Agradecimiento 264
Martes 20 de septiembre de 2016
El nacimiento de mi sobrina.

Agradecimiento 265
miércoles, 21 de septiembre de 2016
Comer el tradicional cocido en casa de mis papás.

Agradecimiento 266
Jueves 22 de septiembre de 2016
Recibir un abrazo de Ana Belén al despertar.

Agradecimiento 267
Viernes 23 de septiembre de 2016
Terminar el ciclo de mi clase de Estrategia de Negocios: ¡me encanta dar clases!

Agradecimiento 268
Sábado 24 de septiembre de 2016
Recibir un "buenos días" auténtico y genuino de Luis Andrés.

Agradecimiento 269
Domingo 25 de septiembre de 2016
Dar una vuelta en bicicleta.

Agradecimiento 270
Lunes 26 de septiembre de 2016
Participar en un energizante congreso de administración de proyectos.

Agradecimiento 271
Martes 27 de septiembre de 2016
Ver un atardecer de película.

Agradecimiento 272
Miércoles 28 de septiembre de 2016
Recibir un abrazo de mis hijos al regresar a la casa.

Agradecimiento 273
Jueves 29 de septiembre de 2016
Ver en Ana Belén un parecido a mí mientras la veo almorzar.

Agradecimiento 274
Viernes 30 de septiembre de 2016
Tener una tarde libre de sesiones.

Agradecimiento 275
Sábado 1 de octubre de 2016
Tener un almuerzo a solas con Luis Andrés.

Agradecimiento 276
Domingo 2 de octubre de 2016
Haber sentido por primera vez pataditas de Fabián.

Agradecimiento 277
Lunes 3 de octubre de 2016
Poder almorzar en casa.

Agradecimiento 278
Martes 4 de octubre de 2016
Celebrar con un brindis un hito importante en la empresa.

Agradecimiento 279
Miércoles 5 de octubre de 2016
Platicar con Stefanie sin interrupciones.

Agradecimiento 280
Jueves 6 de octubre de 2016
Leerle a Luis Andrés dos libros antes de dormir.

Agradecimiento 281
Viernes 7 de octubre de 2016
Celebrar los 71 años de mi papá.

Agradecimiento 282
Sábado 8 de octubre de 2016
Amanecer en un nuevo hogar.

Agradecimiento 283
Domingo 9 de octubre de 2016
Correr 5K en la calle, después de dos meses de no entrenar.

Agradecimiento 284
Lunes 10 de octubre de 2016
Ver que va tomando tracción un comité de trabajo.

Agradecimiento 285
Martes 11 de octubre de 2016
Despedirme de mis papás antes de su viaje.

Agradecimiento 286
Miércoles 12 de octubre de 2016
Sentir el progreso en la recuperación de mi rodilla.

Agradecimiento 287
Jueves 13 de octubre de 2016
Llegar temprano a la casa.

Agradecimiento 288
Viernes 14 de octubre de 2016
Tener una buena sesión de trabajo.

Agradecimiento 289
sábado 15 de octubre de 2016
Sentir la emoción por un viaje y vacación familiar a punto de empezar.

Agradecimiento 290
domingo, 16 de octubre de 2016
Arrancar la vacación familiar: ¡vamos a Disney!

Agradecimiento 291
Lunes 17 de octubre de 2016
Celebrar los 35 años de Stefanie en esta espectacular vacación.

Agradecimiento 292
martes 18 de octubre de 2016
Subirnos a *SplashMountain* con Luis Andrés. Sus caras de emoción son *priceless*.

Agradecimiento 293
Miércoles 19 de octubre de 2016
Ver los fuegos artificiales con Ana Belén sentada en mis piernas.

Agradecimiento 294
Jueves 20 de octubre de 2016
Ver en el ultrasonido que Fabián viene muy bien.

Agradecimiento 295
Viernes 21 de octubre de 2016
Disfrazarnos de Superman y Mujer Maravilla con los niños.

Agradecimiento 296
Sábado 22 de octubre de 2016
Aventura con Luis Andrés en un juego de agua. ¡Nos empapamos!

Agradecimiento 297
domingo 23 de octubre de 2016
Subirnos al juego de *Star Wars* con Luis Andrés.

Agradecimiento 298
Lunes 24 de octubre de 2016
Impartir una buena clase.

Agradecimiento 299
Martes 25 de octubre de 2016
Llevar a Luis Andrés a su parada de bus.

Agradecimiento 300
Miércoles 26 de octubre de 2016
Grabar el mini-video para una actividad de Stefanie: ¿Qué es lo que más le admiro?

Agradecimiento 301
Jueves 27 de octubre de 2016
Escuchar a Luis Andrés por la mañana cantar y bailar.

Agradecimiento 302
viernes 28 de octubre de 2016
Participar en una discusión estratégica de talento.

Agradecimiento 303
Sábado 29 de octubre de 2016
Cerrar la clase de Estrategia de Negocios y con buena retroalimentación de mis alumnos.

Agradecimiento 304
Domingo 30 de octubre de 2016
Ver a Luis Andrés deslizarse por una pequeña montaña parado en una tabla.

Agradecimiento 305
Lunes 31 de octubre de 2016
Celebrar *Halloween* en nuestro nuevo vecindario.

Agradecimiento 306
Martes 1 de noviembre de 2016
Correr de nuevo 7km. con mi primo.

Agradecimiento 307
Miércoles 2 de noviembre de 2016
Haber completado un taller de pensamiento digital.

Agradecimiento 308
Jueves 3 de noviembre de 2016
Ver el primer recital de ballet de Ana Belén.

Agradecimiento 309
Viernes 4 de noviembre de 2016
Dar unas palabras de bienvenida a los nuevos colaboradores de nuestro nuevo Centro de Servicios Compartidos.

Agradecimiento 310
Sábado 5 de noviembre de 2016
Pasar un buen rato con Stefanie.

Agradecimiento 311
Domingo 6 de noviembre de 2016
Ver a Luis Andrés en combate en su torneo de karate.

Agradecimiento 312
Lunes 7 de noviembre de 2016
Arreglar la casa junto con Stefanie.

Agradecimiento 313
Martes 8 de noviembre de 2016
Hacer un entreno en pista nuevamente.

Agradecimiento 314
Miércoles 9 de noviembre de 2016
Tomar una sopa de mariscos espectacular.

Agradecimiento 315
Jueves 10 de noviembre de 2016
Llegar a una conferencia de liderazgo e innovación.

Agradecimiento 316
Viernes 11 de noviembre de 2016
Escuchar la charla de Kat Cole, presidente de Focus Brands.

Agradecimiento 317
Sábado 12 de noviembre de 2016
Ver un show de baile latino en el teatro.

Agradecimiento 318
Domingo 13 de noviembre de 2016
Tener una excelente cena con mis amigos.

Agradecimiento 319
Lunes 14 de noviembre de 2016
Correr 10K: ¡estoy de vuelta!

Agradecimiento 320
Martes 15 de noviembre de 2016
Recibir una especial visita en nuestro nuevo Centro de Servicios Compartidos.

Agradecimiento 321
Miércoles 16 de noviembre de 2016
Ver a Luis Andrés jugar con R2D2.

Agradecimiento 322
Jueves 17 de noviembre de 2016
Conocer a un admirado líder empresarial.

Agradecimiento 323
Viernes 18 de noviembre de 2016
Participar en un seminario de empresas familiares.

Agradecimiento 324
Sábado 19 de noviembre de 2016
Participar en un taller de cultura empresarial.

Agradecimiento 325
Domingo 20 de noviembre de 2016
Sentir en control el embarazo de Stefanie, a pesar de estar preocupado.

Agradecimiento 326
Lunes 21 de noviembre de 2016
¡Nacimiento de Fabián! Mucho antes de tiempo (a sus 27 semanas), pero agradecido de tenerlo con nosotros.

Agradecimiento 327
Martes 22 de noviembre de 2016
Tener la oportunidad de llevar a Fabián a un centro especializado en bebés prematuros. Nunca olvidaré las tres horas de vuelo.

Agradecimiento 328
miércoles, 23 de noviembre de 2016
Poder sentir y "abrazar" a Fabián con mi mano.

Agradecimiento 329
Jueves 24 de noviembre de 2016
Percatarme de que Thiago nos preparó para esto. Fabián es un luchador y saldrá adelante.

Agradecimiento 330
Viernes 25 de noviembre de 2016
Cenar con Stefanie, mis papás y mis suegros en San Petersburgo. Contar con su total apoyo y compañía en estos momentos.

Agradecimiento 331
Sábado 26 de noviembre de 2016
Ver a Stefanie cargar a Fabián.

Agradecimiento 332
Domingo 27 de noviembre de 2016
Almorzar en la playa y despejarnos unos momentos.

Agradecimiento 333
Lunes 28 de noviembre de 2016
Lograr establecernos en San Petersburgo y planear nuestra estadía.

Agradecimiento 334
Martes 29 de noviembre de 2016
Sentirme productivo.

Agradecimiento 335
Miércoles 30 de noviembre de 2016
Recibir la noticia de que el chequeo médico de mi mamá fue favorable.

Agradecimiento 336
Jueves 1 de diciembre de 2016
Correr un buen fondo de 12km.

Agradecimiento 337
Viernes 2 de diciembre de 2016
¡Fabián ya pesa 3 libras!

Agradecimiento 338
Sábado 3 de diciembre de 2016
Recibir una llamada de apoyo de un viejo amigo.

Agradecimiento 339
Domingo 4 de diciembre de 2016
Gozar de una cena simple, pero de tiempo-calidad con Stefanie.

Agradecimiento 340
Lunes 5 de diciembre de 2016
Recibir la visita de mi primo.

Agradecimiento 341
Martes 6 de diciembre de 2016
Volver a Guatemala unos días y ver a mis hijos de nuevo.

Agradecimiento 342
Miércoles 7 de diciembre de 2016
Tener alrededor a gente que nos ofrece todo su cariño y apoyo.

Agradecimiento 343
Jueves 8 de diciembre de 2016
Cenar y platicar de todo un poco con mis papás.

Agradecimiento 344
Viernes 9 de diciembre de 2016
Inaugurar oficialmente nuestro Centro de Servicios Compartidos. Cinco años de duro trabajo.

Agradecimiento 345
Sábado 10 de diciembre de 2016
¡Tener a la familia completa! Luis Andrés y Ana Belén conocieron a Fabián.

Agradecimiento 346
Domingo 11 de diciembre de 2016
Recibir una auténtica y chistosa "puyada de ojo" en el *photobooth* con los peques.

Agradecimiento 347
Lunes 12 de diciembre de 2016
Ir al supermercado con Ana Belén y Luis Andrés.

Agradecimiento 348
Martes 13 de diciembre de 2016
¡Fabián ya respira solo!

Agradecimiento 349
Miércoles 14 de diciembre de 2016
Caminar en un parque iluminado y decorado para la Navidad. Ver la luna grande y naranja.

Agradecimiento 350
Jueves 15 de diciembre de 2016
Comprar unos regalitos de Navidad para los niños.

Agradecimiento 351
Viernes 16 de diciembre de 2016
Rezarle a Fabián.

Agradecimiento 352
sábado 17 de diciembre de 2016
Ver la película *Trolls* en el cine con los peques comiendo dulces y poporopos.

Agradecimiento 353
Domingo 18 de diciembre de 2016
Ver la adrenalina incontrolable de los niños en *Chuck e Cheese's*.

Agradecimiento 354
Lunes 19 de diciembre de 2016
Terminar "el día" a las 5am con un vuelo atrasado y sufrir el desvelo. Recordar la bendición de poder dormir bien todos los días.

Agradecimiento 355
Martes 20 de diciembre de 2016
Volver a la oficina y sentirme productivo.

Agradecimiento 356
Miércoles 21 de diciembre de 2016
Cenar con mi primo y ponernos al día. Conocer de su aventura Ultra Trail 50K en la cual ya no lo pude acompañar.

Agradecimiento 357
Jueves 22 de diciembre de 2016
Tener a toda mi familia en San Petersburgo para pasar juntos la Navidad.

Agradecimiento 358
Viernes 23 de diciembre de 2016
¡Ver que Fabián ya pesa 4.5 libras!

Agradecimiento 359
Sábado 24 de diciembre de 2016
¡Cargar por primera vez a Fabián!

Agradecimiento 360
Domingo 25 de diciembre de 2016
Una Navidad muy sencilla, fuera de lo "acostumbrado", pero cargada de emociones y buenas reflexiones. Posiblemente mi mejor Navidad.

Agradecimiento 361
Lunes 26 de diciembre de 2016
Una cena con mi familia, para celebrar su visita y celebrar a Fabián.

Agradecimiento 362
Martes 27 de diciembre de 2016
Un "*kodak-moment*" con Luis Andrés y Ana Belén en la playa viendo el atardecer.

Agradecimiento 363
Miércoles 28 de diciembre de 2016
Tener de nuevo la compañía de mis suegros.

Agradecimiento 364
Jueves 29 de diciembre de 2016
Hacerle "canguro" a Fabián.

Agradecimiento 365
Viernes 30 de diciembre de 2016
Jugar *hockey* de mesa con Luis Andrés.

Agradecimiento final
Sábado 31 de diciembre de 2016
Haber tenido la oportunidad de dar gracias 365 veces.

REFERENCIAS Y BIBLIOGRAFÍA

LIBROS

Alexander, Eben, M.D. (2012), Proof of Heaven: A Neurosurgeon´s Journey Into the Afterlife. New York, Estados Unidos: Simon & Shuster.

Ben-Shahar, Tal, PhD. (2007), Happier: Learn the Secrets to Daily Joy and Lasting Fulfillment. New York, Estados Unidos: McGraw-Hill.

Ben-Shahar, Tal, PhD. (2012), Choose the Life You Want: 101 Ways to Create Your Own Road to Happiness. New York, Estados Unidos: Random House

Christensen, C, Allworth, J., Dillon, K. (2012), How Will You Measure Your Life? Harper Collins Publishers.

Duhigg, Charles (2012), The Power of Habit: Why We Do What We Do in Life and Business. New York, Estados Unidos: The Experiment.

Isaacson, Walter (2011), Steve Jobs. Estados Unidos: Simon & Schuster.

O'Kelly, Eugene, (2006), Chasing Daylight: How My Forthcoming Death Transformed My Life. McGraw-Hill.

Tompkins, P., Beddoes, T., (2016), Proof of Angels: The Definitive Book on the Reality of Angels and the Surprising Role They Play in Each of Our Lives. New York, Estados Unidos: Howard Books.

DISCURSOS

Jobs, Steve [Stanford]. (2005, junio). Steve Job's 2005 Stanford Commencement Address [Archivo de video]. Recuperado de https://www.youtube.com/watch?v=UF8uR6Z6KLc

Rigsby, Rick [Goalcast]. (2017, octubre). La sabiduría de un alumno desertor de tercer grado que cambiará tu vida [Archivo de video]. Recuperado de https://www.youtube.com/watch?v=Bg_Q7KYWG1g

Bailey, Jake [Goalcast]. (2018, marzo). Cómo llevar una vida de gratitud [Archivo de video]. Recuperado de https://www.youtube.com/watch?v=EiWD_aEARic&t=11s

David Steindl-Rast [TED]. (2013, noviembre). ¿Quieres ser feliz? Se agradecido [Archivo de video]. Recuperado de https://www.youtube.com/watch?v=UtBsl3j0YRQ&list=PLzdFfKj-EvQCkWh61ZjbqqjgLfiTnRuT3&index=16&t=0s

PELÍCULA

Frankel, David (director). 2016. Collateral Beauty [Cinta cinematográfica]. Estados Unidos: New Line Cinema.

Notas *

1. **La viabilidad de los bebés prematuros es mínima a las 22 semanas de gestación**
   http://www.agenciasinc.es/Noticias/La-viabilidad-de-los-bebes-prematuros-es-minima-a-las-22-semanas-de-gestacion

2. **Estreptococos del grupo B en el embarazo**
   https://medlineplus.gov/spanish/ency/patientinstructions/000511.htm

3. **El día más peligroso en la vida de un bebé prematuro**
   http://www.bbc.com/mundo/noticias/2014/06/140630_salud_bebe_prematuro_peligro_gtg

4. **Premature birth statistics**
   https://www.tommys.org/our-organisation/why-we-exist/premature-birth-statistics

5. **Interview: Nathan was born at 23 weeks. If I'd known then what I do now, I'd have wanted him to die in my arms**
   https://www.theguardian.com/society/2011/mar/20/nathan-born-premature-life-death

6. **How Long Does it Actually Take to Form a New Habit? (Backed by Science)**
   https://jamesclear.com/new-habit

7. **Jake Bailey - Tour de Cure Snow Ball 2016**
   https://www.youtube.com/watch?v=k5hZVZi1VIE

8. **Standing on the Shoulders of Giants, Being Jake Bailey**
   http://www.jakebailey.co.nz/bio/

9. **Positive Psychology 1504: Harvard's Groundbreaking Course**
   https://positivepsychologyprogram.com/harvard-positive-psychology-course-1504/

10. **No existe la casualidad, existe la sincronicidad**
    https://lamenteesmaravillosa.com/no-existe-la-casualidad-existe-la-sincronicidad/

11. **Steve Jobs' 2005 Stanford Commencement Address**
    https://www.youtube.com/watch?v=UF8uR6Z6KLc

12. **Nuestra Señora de los Dolores**
    http://es.catholic.net/op/articulos/31915/nuestra-seora-de-los-dolores.html#

[13] **What is a Rainbow Baby?**
http://www.kickscount.org.uk/rainbow-baby/

[14] **Expectativas de supervivencia de los bebés prematuros**
http://www.embarazo-online.com/2010/04/supervivencia-bebes-prematuros.html

[15] **Premature Birth Statistics**
http://www.preemiesurvival.org/info/

[16] **El día más peligroso en la vida de un bebé prematuro**
http://www.bbc.com/mundo/noticias/2014/06/140630_salud_bebe_prematuro_peligro_gtg

[17] **¿Qué es la apnea del prematuro?**
https://kidshealth.org/Inova/es/parents/aop-esp.html

[18] **The Most Inspiring Speech: The Wisdom of a Third Grade Dropout Will Change Your Life | Rick Rigsby**
https://www.youtube.com/watch?v=Bg_Q7KYWG1g

[19] **Gratitud**
http://dle.rae.es/?id=JVGPp68

[20] **Greatfulness.org**
https://gratefulness.org/

[21] **Want to be happy? Be grateful | David Steindl-Rast**
https://www.youtube.com/watch?v=UtBsl3j0YRQ&list=PLzdFfKj-EvQCkWh61ZjbqqjgLfiTnRuT3&index=16&t=0s

[22] **Gratitude**
http://melodybeattie.com/gratitude-2/

[23] **What Is Spirituality?**
https://www.takingcharge.csh.umn.edu/what-spirituality

[24] **Definición de ángel en español**
https://es.oxforddictionaries.com/definicion/angel

[25] **Definición de propósito en español**
https://es.oxforddictionaries.com/definicion/proposito

* Todos los sitios electrónicos estaban activos al momento de publicar esta obra, en julio de 2018.

ACERCA DEL AUTOR

Luis Pedro Recinos es un orgulloso guatemalteco, esposo y padre de familia, trabajador entusiasta y ávido corredor y lector. Es un ejecutivo profesional, apasionado por la dinámica de las empresas familiares. Imparte una clase de Dirección Estratégica de Negocios en una universidad guatemalteca. Disfruta la música, la naturaleza y la fotografía digital. Es ingeniero industrial graduado *magna cum laude* de North Carolina State University. Cuenta con un MBA de la Kellogg School of Management y una maestría en Ciencias de la Administración de University of Florida.

Made in United States
North Haven, CT
31 March 2023